The Science of SUSHI
스시 사이언스

The Science of SUSHI
스시 사이언스
맛을 만들어내는 이론과 기술을 보여준다

기술지도 / 다카하시 준 「스시 다카하시」
감수 / 사토 히데미
지은이 / 츠치다 미토세
옮긴이 / 용동희

GREENCOOK

Contents

007 **[1] 스시 이론**

| 008 스시의 역사
| 014 스시 재료
| 020 카운터

023 **[2] 준비 I _ 생선**

| 024 칼
| 026 외날
| 028 칼의 각 부분 명칭
| 030 흰살생선
| 032 도미 밑손질
| 038 광어와 가자미 밑손질
| 044 다시마절임
| 052 붉은살생선
| 054 참치 자르기
| 056 덩어리 자르기(사쿠도리)
| 064 히카리모노
| 066 전어 밑손질
| 068 식초와 소금에 절이기
| 072 등푸른생선
| 074 산마이오로시(3장뜨기)
| 078 설탕절임
| 080 조개
| 082 왕우럭조개 밑손질
| 086 피조개 밑손질
| 092 관자 미즈아라이
| 094 오징어
| 096 참갑오징어 밑손질
| 098 문어
| 102 새우
| 104 갯가재
| 106 붕장어
| 110 조리기
| 112 성게

Science

046 생선의 근육
048 생선 근육의 구조
050 생선의 사후경직
060 붉은살과 흰살
062 휴지·숙성
070 단백질의 변성
075 정어리의 신선도
076 살균
085 조개의 근육
090 조개의 특징
100 오징어와 문어의 근육
113 백반과 성게
117 쌀에 관한 지식
123 소금 만드는 방법
129 스시용 밥
133 맛술의 조리 효과

115 [3] 준비Ⅱ_스시용 밥과 다른 재료들

- 116 쌀
- 120 식초
- 122 소금
- 124 밥 짓기
- 126 스시용 밥
- 130 니기리
- 131 니츠메
- 132 스시의 단맛
- 136 와사비
- 137 와사비 성분
- 138 감귤
- 140 초생강(가리)
- 142 달걀구이
- 154 오보로
- 156 박고지

161 [4] 스시 만들기

- 162 니기리(스시 쥐기)
- 166 오히츠
- 168 기리츠케
- 170 니기리 동작
- 180 스시
- 183 도미
- 184 광어
- 185 새끼 도미
- 186 가자미
- 187 주토로
- 188 오토로
- 190 아카미
- 191 즈케
- 192 가다랑어
- 193 정어리
- 194 줄무늬전갱이
- 195 전갱이
- 196 전어
- 198 고등어
- 199 학공치
- 200 왕우럭조개
- 201 피조개
- 202 전복
- 203 관자
- 204 새조개
- 205 백합
- 206 참갑오징어
- 207 흰꼴뚜기
- 208 문어
- 209 단새우
- 210 모란새우
- 211 보리새우
- 212 갯가재
- 213 연어알
- 214 성게
- 215 붕장어
- 216 달걀구이
- 218 호소마키
- 222 후토마키
- 226 「스시 다카하시」의 마키즈시
- 232 김

- 234 INDEX

- 134 설탕 만드는 방법
- 135 맛술 만드는 방법
- 148 스시집의 가열조리
- 150 스시집의 달걀조리
- 167 오히츠에 넣은 스시용 밥의 온도 변화

Science Point

- 024 날이 잘 서야 한다
- 029 회칼이 긴 이유
- 030 이케지메와 핏물 빼기
- 078 물분자만 통과되는 반투막
- 080 식감을 좌우하는 콜라겐의 양
- 096 오징어 단맛의 정체는 아미노산
- 111 조미료의 침투와 붕장어의 부드러움
- 121 흑초와 적초의 색

일러두기

- 일식용어로「스시 재료」를「네타」,「스시용 밥」을「샤리」라고 하지만, 이 책에서는 스시를 지도한「스시 다카하시」다카하시 준의 스시 설명 외에는 모두「스시 재료」,「스시용 밥」이라 한다.
- 「가리」는「단촛물에 절인 생강」보다「가리」가 더 알려져 있기 때문에「가리」로 부른다.
- 스시의 기술에 해당하는 전문용어는 이해를 높이기 위해 현장에서 사용하는 일본어 발음대로 표기하였다.
- 알파벳으로 표기된 일본어는 대문자로 표기하였다.
- 칼의 사용방법은 오른손잡이를 기준으로 한다.
- 「스시 다카하시」다카하시 준의 방식에 따라 설명하고 있지만, 스시 기술에는 다양한 방법과 해석이 있다.

[1]
스시 이론

Knowledge

The Science of
SUSHI

스시의 역사 History of SUSHI

스시의 시작은 발효보존식

스시는 세계에 널리 알려졌지만, 단순히 「스시(SUSHI)」라고 말하면 대부분 「니기리즈시(손으로 쥐어서 만든 스시)」를 떠올린다. 때문에 스시의 기원을 「회를 밥 위에 올린 것」이라고 생각하는 사람이 적지 않다.

스시를 「날생선을 사용하는 것」, 「밥에 얹는 것」으로 정의한대도 틀린 얘기는 아니다. 하지만 유부초밥처럼 식물성 재료만 사용한 스시도 있고, 시가의 「후나즈시」나 호쿠리쿠의 「가부라즈시」처럼 재료를 얹지 않고 쌀류와 합쳐서 발효시킨 것도 「스시」라고 한다. 게다가 스시에 대해 대부분 「식초를 사용하는 것」 또는 「발효에 의해 신맛이 생기는 것」을 떠올린다는 점에서도, 「스시」는 「새콤함」이 키워드가 되는 것 같다. 스시의 어원이 새콤하다는 뜻인 「酸し(스시)」라는 설도 이를 뒷받침하는 이유 중 하나다.

그런데 이 「스시」의 한자는 「寿し」, 「鮨」, 「寿司」, 「鮓」, 「寿之」, 「寿志」, 「寿斗」 등으로 과거로 거슬러 올라가면 다양한 표기방법이 등장한다. 자주 사용하는 한자는 「鮨」와 「鮓」, 또는 「寿司」이다. 「鮨」는 간토 지방에서, 「鮓」는 간사이 지방에서 주로 사용한다. 「寿司」는 에도시대에 「すし」라는 글자에서 생겨났다고 한다.

「鮨」라는 표기는 꽤 오래전에 등장했는데, 기원전 5~3세기경 중국의 「爾雅(이아)」라는 사전을 보면 「생선으로 만든 것을 鮨(기)라고 하며, 고기로 만든 것을 醢(가이)라고 한다」고 나온다. 여기서 「鮨」는 생선을 잘게 썰어서 소금을 묻힌 젓갈을 가리킨다. 젓갈로 오해할 정도였다는 데서 「鮨」는 꽤 걸쭉했던 것 같다. 한편 「鮓」는 2세기경, 마찬가지로 중국의 「説文解字(설문해자)」라는 사전에 「생선을 소금과 쌀로 절이고, 그 위에 누름돌을 올린 식품」이라고 기술되어 있다. 또한 오랜 시간을 들여 발효시킨 보존식품으로 활용한다고 정의되어 있다.

이와 같이 「鮨」와 「鮓」는 본래 다른 음식이었지만, 3세기경의 「広雅(광아)」라는 사전에서 「鮨」와 「鮓」가 뒤섞여 쓰였고, 시간이 지나면서 중국은 물론 일본에서도 혼용하기에 이르렀다.

결국 「鮨」와 「鮓」 모두 「생선을 소금과 쌀에 절이고, 그 위에 누름돌을 올린 식품」이라고 정의 내리게 되었다. 이것이 바로 「나레즈시」이다. 쌀과 같은 전분이 자연발효하면서 젖산이 생기고, 그 신맛에 의해 부패균의 번식이 억제되어 보존식품이 탄생한 것이다.

일본의 스시는 대륙에서 쌀이 전해지면서 발전해 왔다고 하는데, 위처럼 「나레즈시」로 전해져서 조정 등

「스시라면 니기리즈시」라고 일본 전역에 알려진 것이 20세기부터다. 에도시대 후기부터 니기리즈시는 있었지만, 그것은 에도에만 있었던 것. 전국 각지에는 쥐지 않고 먹는 향토적인 스시, 즉 스시「비슷한 것」이 있었다. 니기리즈시든 쥐지 않고 먹는 스시든, 일본 스시의 역사를 되짚어가면 밥과 함께 발효시킨「나레즈시」에 도달한다.

일본을 대표하는 나레즈시, 후나즈시

나레즈시는 일본 각지로 전해졌다. 지역마다 전해진 시대는 각각 다르지만 현대에 살아남은, 어패류를 사용한 일본 나레즈시의 대표를 꼽자면 시가 비와호 주변의「후나즈시」, 기후의「아유즈시」, 후쿠이의「헤시코」등이 있다.「鮒ずし(후나즈시)」도「鮒鮓(후나즈시)」도 나라 헤이조궁에서 출토된 목간에 쓰여있으므로, 그 시대 이전부터 만들었다고 생각된다. 요리방식은 당시와 달라진 듯하지만, 어패류와 쌀 또는 밥을 함께 발효시킨「나레즈시」라는 점은 변함없다.

시가의 전통적인「후나즈시」는 2~5월부터 만들기 시작한다. 비와호에서 잡은 산란기의 붕어를 소금에 절이는 경우가 많고, 삼복에 가까울 때는 소금을 빼고 밥과 함께 절이는 혼즈케에 넣는다. 이 혼즈케는 밥을 틀 바닥에 깔고, 밥을 채운 붕어를 그 위에 늘어놓은 후 다시 밥을 겹쳐 올린다. 그 다음 속뚜껑으로 덮고 누름돌로 눌러 숙성시킨다.

젖산이 균의 발생을 억제할 뿐만 아니라, 생선을 발효시켰을 때 감칠맛 성분이 나와 독특한 맛이 된다. 기본적으로 생선만 먹고, 밥은 버린다.

「후나즈시」의 발효기간은 보통 3~6개월이며 긴 것은 2년이나 된다. 발효기간이 길면 밥알이 걸쭉해져 먹

앞쪽 목간에 적힌「若狹国遠敷郡木津鄕御贄貽貝鮓一塙」에서「鮓」라는 글자가 보인다(아카마루부). 기즈에서는 조개류 스시를 이치카쿠(一塙)에 넣었다는 기록이 있다. 이치카쿠는 항아리 같은 용기로 추정된다.
(사진저공 : 후쿠이 다카하마 동사무소)

에 보내는 공물로 쓰였던 것 같다. 8세기 전반 아스카시대에 편찬된「養老令(요로령)」에서도「鮑の鮓」,「雜魚の鮨」라는 표기를 볼 수 있다. 나라 헤이조궁에서는「多比の鮓」라고 붙어 있던 목간도 출토되었다. 이 목간은 짐을 부칠 때 붙이는 꼬리표다.「多比の鮓」도 물론「나레즈시」이다.

을 수 없었는데, 무로마치~아즈치모모야마 시대에 이르러 발효기간이 단축되자 생선과 밥을 함께 먹는「나마나레즈시」가 등장했다. 기후의「아유즈시」가 대표적이다. 여기에 밥의 발효가 빨라지도록 쌀누룩도 첨가되었고, 생선뿐만 아니라 채소도 함께 넣어서 마찬가지로 밥과 함께 먹는「이즈시」가 만들어졌다. 앞서 말한「가부라즈시」가「이즈시」의 하나다.

그리고 식초가 등장했다. 식초는 오래전부터 일본에 있던 조미료인데, 식초를 밥에 뿌리면 젖산발효를 기다리지 않아도 새콤한 밥을 먹을 수 있다는 사실을 깨달았다. 스시라고 하면 시간을 들여 자연발효시킨「나레즈시」,「이즈시」뿐이었지만 밥을 먹게 되고 식초가 등장하면서, 식초로 맛을 빠르게 내는 스시용 밥을 만들 수 있게 되면서 스시는 큰 변화를 맞이하였다.

하코즈시, 니기리즈시의 탄생

에도시대가 되자 스시는 더이상 보존식품이 아니었다. 식초를 사용한「하야즈시(이치야즈시)」가 등장한 것이다. 먼저 간사이의「하코즈시」로 이어지는「스가타즈시」와「고케라즈시」가 생겨났고, 마키즈시와 이나리즈시, 지라시즈시 등도 생겨났다.

고케라즈시는 상자 안에 스시용 밥을 채운 다음, 그 위에 생선토막을 올리고 눌러서 만들었다. 먹기 좋게 자른 스시도 연구되었다. 자르기 시작하자, 이번에는 스시 하나하나를 조릿대로 말고 누름돌로 가볍게 누른「게누키즈시」가 생겨났다. 이것이 현재「사사마키즈시」가 되었다. 스시용 밥 1개에 생선살을 얹고 조릿대로 감싼 이 사사마키즈시가 바로 에도마에 니기리즈시의 초석이 된다.

「니기리즈시」의 등장시기에 대해서는 여러 설이 있지만, 분세이(1818~1831년) 중반쯤 료고쿠에서「요헤이즈시」를 운영했던 하나야 요헤이가 에도마에 니기

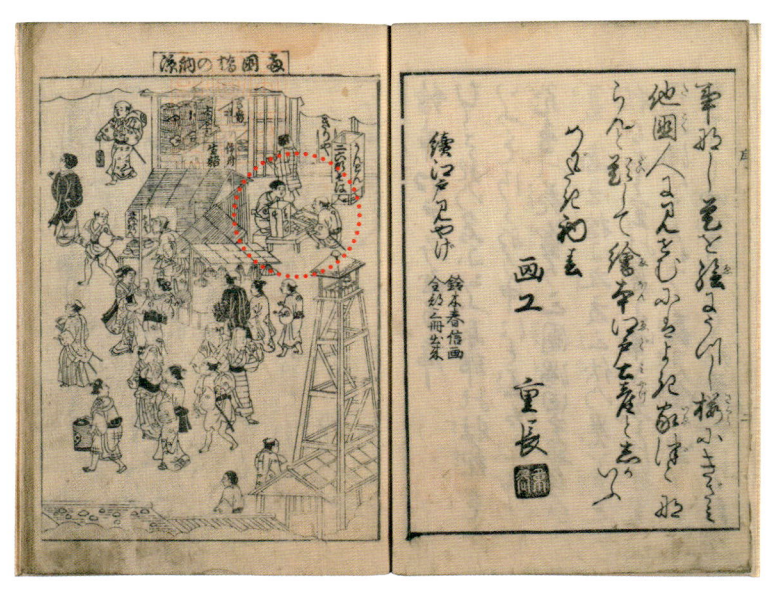

18세기 『絵本江戸みやげ(그림책 에도미야게)』의 삽화,「両国橋の納涼(료고쿠바시 나들이)」의 한 부분. 스시 포장마차(빨간 점선)가 그려져 있다. (일본 국립국회도서관 웹사이트)

하나야 요헤이가 일본 화가 가와바타 교쿠쇼에게 의뢰한 메이지시대의 스시 그림. 가운데 참치처럼 빨갛게 보이는 것은 사실 송어다. (「요시노스시」 소장 / 아사히야 출판 「스시 기술 교과서 에도마에즈시편」에서)

리의 원조라는 설이 유력하다. 이 시대는 에도 후기로, 이미 외국 선박이 일본을 방문하며 개국을 요구하기 시작했다. 상업이 발전하고, 에도를 중심으로 화려한 서민문화가 번성하여 연극이나 우키요에, 문학 등 향락적인 문화가 꽃을 피웠다. 대도시가 된 에도에는 일자리를 구하러 많은 사람이 모여들었고, 음식점이 유행하였다. 그렇게 니기리즈시 포장마차가 등장했다. 금방 완성되어 나오는 니기리즈시는 에도 토박이들에게 패스트푸드처럼 인기를 끌었다. 당시의 니기리즈시는 지금 같은 한입 크기가 아니라 주먹밥 정도 크기였다. 인기 많은 전어를 둥근 통에 넣고 메고 다니면서 팔던 「고하다우리(전어 장사)」도 에도 거리를 활기차게 만들었다.

에도에서 니기리즈시가 번성하자 하코즈시의 그림자는 에도에서 조금씩 희미해져갔다. 메이지, 다이쇼 무렵에는 「간사이는 하코즈시」, 「간토는 니기리즈시」라고 불렸다.

포장마차에서 우치미세로

에도시대 말기의 잔재인 스시 포장마차는 메이지시대에 들어서도 여전히 인기였다. 결국 가게를 차리는 사람도 생겨났는데 이런 가게를 우치미세라 불렀다. 당시 우치미세의 특징은, 손님이 서 있는 동안 스시를 쥐는 장인은 앉아서 만들었다는 점이다. 이는 메이지시대 말기부터 다이쇼시대의 우치미세가 배달이나 선물용 스시 위주였기 때문이다.

우치미세든 포장마차든 당시에는 냉장고나 보냉제가 없던 시대였기 때문에, 어패류가 상하지 않게 하는 대책이 필요했다. 우치미세에서는 스시를 싸서 갈 수 있게, 포장마차에서는 영업 중에 스시 재료를 보존하기 위해 어패류를 소금, 식초, 간장에 절이거나 조리는 등의 연구가 이루어졌다. 그리고 이런 연구는 도쿄만에서 잡은 신선한 생선으로 작업을 한다는 의미에서 「에도마에노시고토(에도마에의 일)」라 불렸다.

마침내 얼음을 쉽게 살 수 있게 되면서, 생어패류를 스시용 밥에 얹은 니기리를 내놓기 시작했다. 그 인기가 높아지면서 우치미세에서도 생어패류 니기리를 선보였고, 앉아서 먹을 수 있는 자리도 마련했다. 오늘날 볼 수 있는「스시집」의 등장이다.

쇼와 초기까지는 포장마차도 우치미세도 있었지만, 태평양전쟁(1945년 종전) 후에 위생상의 문제로 포장마차는 없어졌다. 다만 지금도 카운터 위에 포렴(노렌)을 건 가게가 있는데, 이는 스시집의 원형인 포장마차에서 걸었던 포렴의 흔적이다.

태평양전쟁 이후에는 스시를 둘러싼 환경이 크게 바뀌었다. 업소용 냉장고의 발명과 보급에 따라 조리에 손이 많이 가는 조림류는 줄고,「날생선」이 스시 재료의 기본이 되었다. 또한 냉동기술의 진보와 일본 안팎의 유통 발달로 전 세계에서 어패류가 들어오게 되어, 스시 재료의 종류도 늘어났다. 포장마차에서 겨우 몇 종류였던 스시 재료가, 지금은 20종류 이상이 기본이 되었다.

스시용 밥의 양도 달라졌다. 다양한 날생선을 내놓을 수 있게 주먹밥처럼 컸던 스시용 밥이 작아져 10~20개 정도 먹는 스타일로 변하였다. 날생선의 맛을 느낄 수 있게 스시용 밥의 맛도 담백해졌다.

니기리뿐 아니라 스시집 안주의 종류도 늘어나고, 다

양한 안주에 맞춰 술 종류도 늘어났다. 손님이「취향」대로 먹는 스타일뿐만 아니라, 장인에게 맡기는「오마카세」스타일도 일반화되었고, 일본술이나 맥주 외에 최근에는 와인과 함께 즐기는 스타일도 많아졌다. 2007년 출간된 프랑스 가이드북『미슐랭 도쿄 2008』에 처음 게재된 이래 스시집은 더욱더 세계의 주목을 받게 되었고, 가이드북이 거듭될수록 게재되는 스시집도 늘어났다.『미슐랭 도쿄 2020』에서 별 3개를 받은 스시집은 1곳, 별 2개는 7곳, 별 1개는 24곳, 빕구르망(합리적인 가격과 훌륭한 맛을 두루 갖춘 곳에 부여하는 등급)은 4곳이다.

「회전초밥」이나 「스시 레스토랑」도 전 세계에 늘어나고 있다. 특히 세계적인 대도시에 위치한 「스시 레스토랑」은 현지에서도 화제를 불러일으키는 고급음식점으로 인식되었다.

지구상에 「스시」라는 의식이 생겨난 후, 오랜 시간을 거치면서 스시는 사람들의 다양한 지혜를 모으고 변모를 거듭하여 일본의 음식문화를 대표하는 요리가 되었다. 국경을 초월한 스시는 이제 그 지역의 문화와 융합하면서 뿌리내릴 가능성을 보여주고 있다.

에도 후기 우타가와 히로시게가 그린 「東都名所 高輪二十六夜待遊興之図」. 바다 위로 떠오르는 달을 보려고 몰려나온 서민들을 그린, 에도의 달맞이 모습이다. 경단, 소바, 튀김 등를 파는 다양한 포장마차가 보인다. 오른쪽에 스시 포장마차도 있다.
(도쿄도 에도 도쿄박물관 소장 / image : 도쿄도 역사문화재단 이미지 아카이브 제공)

스시 재료 SUSHI Toppings

도미
Sea Bream

광어
Left-Eye Flounder

새끼 도미
Young Sea Bream

가자미
Right-Eye Flounder

참치/주토로
Medium Marbled Tuna Belly

참치/오토로
Premium Marbled Tuna Belly

회 모양으로 자른 스시 재료들은 철에 따라 색을 달리하며
도마 위에서, 쇼케이스 안에서, 또는 재료상자 안에서
아름답고 조용하게 존재감을 빛낸다.

참치/아카미 — Lean Tuna

즈케 — Marinated Tuna

가다랑어 — Bonito

정어리 — Sardine

줄무늬전갱이 — White Trevally

전갱이 — Horse Mackerel

전어
Gizzard Shad

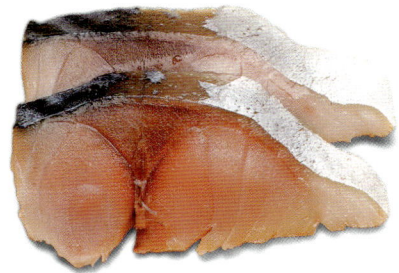

고등어
Mackerel

학공치
Halfbeak

왕우럭조개
Gaper

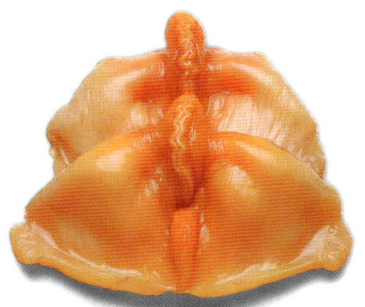

피조개
Ark Shell

전복
Abalone

관자
Adductor in Round Clam

새조개
Cockle

백합
Cherry Stone Clam

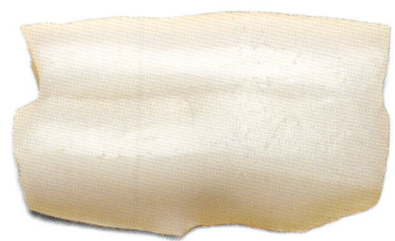

참갑오징어
Golden Cuttlefish

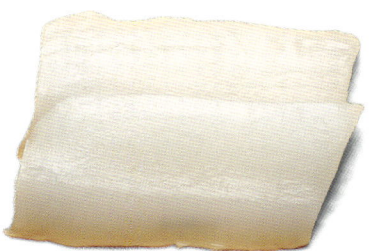

흰꼴뚜기
Bigfin Reef Squid

문어
Octopus

단새우
Sweet Shrimp

모란새우
Spot Prawn

보리새우
Prawn

갯가재
Mantis Shrimp

연어알
Salmon Roe

성게
Sea Urchin

붕장어
Conger Eel

달걀구이
Japanese Omelet

카운터 Counter

스시를 만든다. 스시를 먹는다. 스시에 얽힌 두 동작이 교차하는 곳이 바로 카운터다.
작업대에 선 장인의 움직임 하나하나를 손님은 마치 무대를 보듯 즐긴다.
스시집만의 특별한 공간이 펼쳐진다.

[2]

준비 I
생선

Preparing I

칼

Japanese Kitchen Knife

스시집에서는 구입한 어패류에
칼질을 하는 것이 첫 번째 중요한 일이다.
주방에서 여러 생선을 밑손질하여 덩어리로 자르거나
생선을 잘라서 펼친 다음, 카운터 앞 작업대로 옮겨와
손님 앞에 서서 기리츠케를 한다. 칼로 한 번 칼집을 넣어버리면
원래대로 되돌릴 수 없기에, 긴장을 늦출 수 없는 작업이다.

칼은 밑손질이나 기리츠케(회 모양으로 자르는 것)에 빼놓을 수 없는 도구로, 손과 하나가 되어야 한다. 곧게 선 생선 토막의 모서리, 윤기 나는 단면 같은 외관의 아름다움뿐 아니라, 칼의 「날」은 맛이나 식감도 크게 좌우한다. 칼은 용도에 따라 종류가 다르며, 일본에서 사용되는 것만 해도 수십 종류에 이른다. 일본칼의 주조기술을 계승한 「일식칼」, 일본 가정에 널리 보급되어 있는 「양식칼」, 중국 요리에 사용되는 「중식칼」로 크게 나눌 수 있으며, 스시집에서는 일식칼을 주로 사용한다. 일식칼과 양식칼의 큰 차이점은 칼날이 들어가는 방식이다. 일식칼은 대개 부드러운 연철과 단단한 강철을 조합해서 만든 「외날」이다. 이름대로 한쪽에만 날이 있다. 경도가 매우 높고, 회를 뜰 때 각이 날렵하게 서서 보기 좋게 잘린다. 양식칼은 한 장의 강판을 본 떠서 만든다. 앞뒤에 날이 있는 「양날」로, 사용하기 쉽기 때문에 가정에 보급되고 있다. 스시집에서는 일식칼 중에서도 「생선용 칼(데바보초)」과 「회칼(야나기바보초)」을 주로 사용한다.

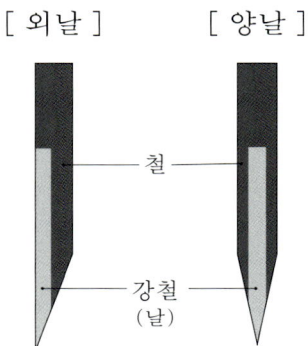

[외날]   [양날]

철
강철
(날)

Science Point

날이 잘 서야 한다

날이 잘 서지 않은 칼을 사용하면 깔끔하게 잘리지 않아, 모양도 식감도 좋지 않다. 아래 사진은 전자현미경(주사형)으로 관찰한 참치 토막의 단면이다. 날이 잘 선 칼로 자르면 표면이 매끄럽지만, 잘 들지 않는 칼로 자르면 표면이 거칠다.

잘린다:
회칼로
자른 단면

잘린다:
다용도 칼로
자른 단면

잘리지 않는다:
다용도 칼로
자른 단면

(사진제공 : 주식회사 히타치 하이테크)

외날 Single-Edged Knife

[회칼] 칼길이 24~36㎝인 가늘고 긴 칼로 끝이 뾰족하다. 날카로움, 절단면의 아름다움을 자랑하며 생선회나 스시 재료의 기리츠케에 사용한다. 날이 길어서 칼을 앞뒤로 밀지 않아도 단번에 「당겨」 자를 수 있어 절단면이 매끈하다. 칼등이라 불리는 등 부분에 검지를 대어 고정시키고, 다른 손가락으로 손잡이를 잡는다. 결 방향에 주의하면서 칼집을 넣고, 숨을 가다듬어 뒷칼날부터 칼끝까지 전체를 사용한다는 생각으로 당기면서 단숨에 자른다.

회칼 야나기바보초 / Slender Kitchen Knife for SASHIMI

생선용 칼 데바보초 / Broad – Bladed Carving Knife

[생선용 칼] 두툼하고 끝이 넓은 칼이다. 주로 생선을 다듬을 때 사용한다. 무게감이 있어 머리를 잘라내거나 뼈를 자를 때 적합하다. 크기에 따라 종류가 다양하며, 10㎝ 정도의 작은 생선용 칼에서 24㎝ 정도의 큰 생선용 칼까지 대략 3㎝ 정도 간격으로 갖추어져 있다. 검지를 칼에 올리고, 중지로 칼턱 아래 들어간 부분을 거들며 약지와 새끼손가락으로 감싸듯 잡는다.

칼의 각 부분 명칭 Parts of Japanese Kitchen Knife

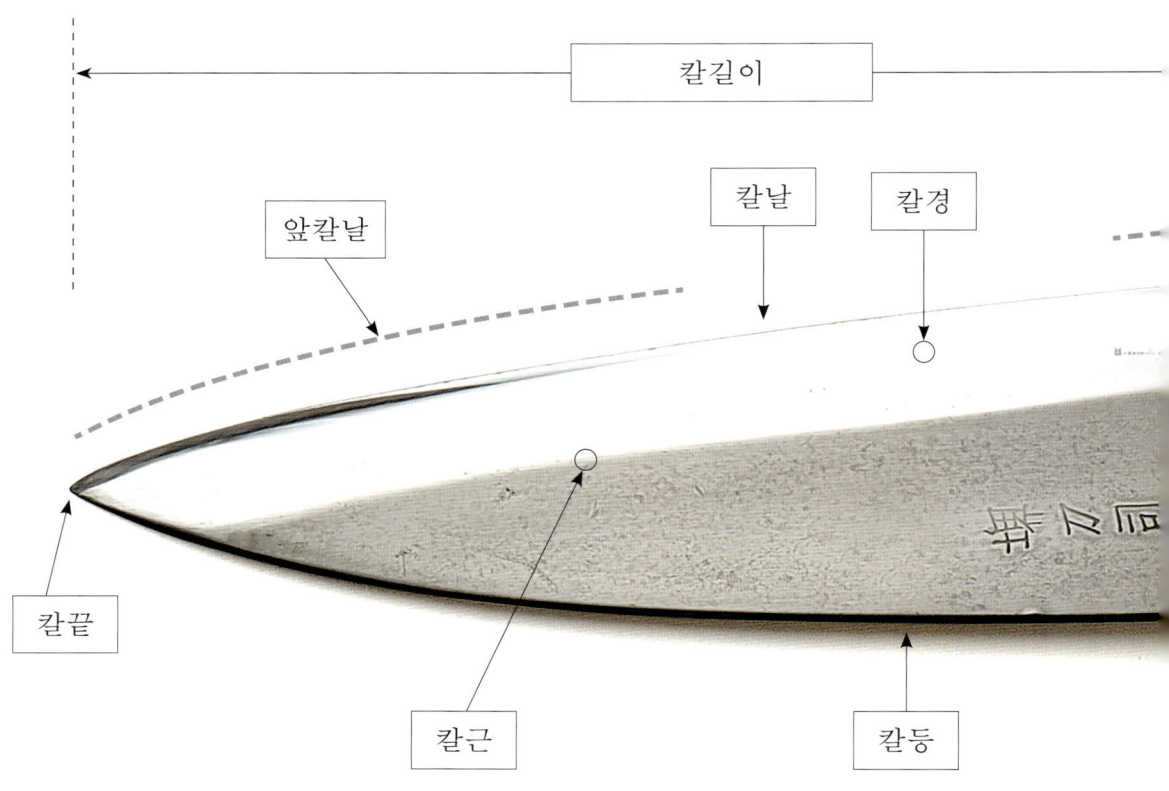

칼이 완성되기까지_ 전통적인 방법
Making of Japanese Kitchen Knife_ Traditional Method

1 단접·단조	바탕쇠(연철)에 강철을 붙여서 칼모양으로 만드는 작업이다. 연철에 광물의 일종인 붕사와 산화철분을 접착제로 뿌리고, 작은 강철 조각을 올려 900℃ 전후로 가열한 다음 망치로 두드리면서 모양을 만든다.
2 초벌 마무리	단조할 때 비뚤어지거나 뒤틀린 부분을 고치고, 자투리 부분을 자르거나 깎아서 모양을 다듬는다. 각인도 이때 한다.
3 굽기	물에 녹인 굽기용 흙이나 숫돌가루(숫돌의 분말. 구워서 점도를 조절한 분말)를 발라서 말린 다음 약 800℃의 화로에서 굽고 물에 넣어 급랭시킨다. 열처리를 하면 강철이 단단해진다.

뒷칼날

칼턱

칼배

Science Point

회칼이 긴 이유

회칼처럼 긴 칼로 길게 당겨 자른 단면이, 짧게 당겨 자른 단면보다 보기 좋다는 실험결과가 있다. 자르는 시간은 오래 걸리지만, 조직이 덜 손상되고 칼날의 마찰에 의해 절단면이 평평하게 마무리되어 윤기가 난다.

칼자루

4 담금질· 길들이기	담금질을 하면, 단단해지는 만큼 부러지기 쉬운 상태가 된다. 150~200℃로 가열하여 천천히 식히면 칼날에 점착성이 생긴다. 경도와 인장강도의 균형은 칼이 잘 드는 정도를 결정하는 중요한 요소로, 가장 어려운 공정이다. 담금질한 후, 흙과 숫돌가루를 제거하면서 생긴 결점을 망치로 두드려 수정한다. 이를 길들이기라 한다.
5 연마· 칼자루	거친 숫돌에서 고운 숫돌로 바꿔가면서 날을 간다. 이때 칼날부분이 연마됨에 따라 온도가 올라가서 부분적으로 경도가 떨어지거나 뒤틀림이 생기지 않도록, 대량의 물에 넣어 차갑게 식히면서 간다. 칼자루를 박고 손질하면 완성이다.

흰살생선

White-Fleshed Fish

살이 하얗고 혈합근(거무스름한 부분)이 적은 것을
흰살생선이라 부른다.
담백하면서 감칠맛이 나고 투명함이 있는 아름다운 살은,
날것 외에 소금이나 다시마로 절여서
스시용 밥과 함께 독특한 식감과 풍미를 즐길 수 있다.

에도마에를 내세우는 스시집에서 흰살생선이라고 하면 도미, 가자미, 광어가 대표적이지만, 최근 흰살생선의 종류가 많아졌다. 도미, 가자미, 광어 말고도 농어, 양태, 쥐치, 성대, 금눈돔, 복어, 아귀, 갯장어 등을 스시 재료로 사용하는 곳도 있다. 질 좋은 흰살생선은 생선살이 조밀하고 꽉 차있으며 투명함이 있다. 또한 담백하면서 감칠맛이나 단맛이 나고, 향이 은은하지만 선명하게 느껴진다. 이 매력을 극대화하기 위한 기술도 발전하고 있다. 예를 들어 흰살생선으로 인기가 높은 광어 등은 이케지메한 생선을 구입하여, 껍질을 벗기고 고마이오로시(5장뜨기)를 한 다음 면보로 감싸서 원하는 상태가 될 때까지 냉장고에서 숙성시킨다.

Science Point

이케지메와 핏물 빼기

생선이 펄쩍거리면, 감칠맛 성분 이노신산의 원천인 ATP(p.50 참고)가 소모된다. ATP의 소모를 억제하려면 잡은 다음 빠르게 찔러서 생선을 안정시켜야 한다. 찌르는 방법에는 「이케지메」와 「신케지메」 2가지가 있으며, 기본적으로 이케지메를 하고 필요에 따라 신케지메를 한다. 「이케지메」는 갈고리로 생선의 연수를 찌르거나 칼로 연수를 자르는 방법이다. 단, 큰 생선은 이케지메에 의해 일시적으로는 얌전해지지만, 시간이 지나면 다시 움직여 ATP를 소모해 버리는 경우가 있다. 이를 방지하려면, 척수에 철심을 꽂아서 신경을 망가뜨리고 뇌에 신호를 보낼 수 없게 만드는 「신케지메」를 실행해야 한다. 이케지메나 신케지메를 하면 ATP를 체내에 고정시켜 사후경직을 늦출 수 있다. 생선을 찌른 다음, 아가미 막이나 꼬리 부근에 있는 동맥에 갈고리나 칼로 상처를 내서 핏물을 뺀다. 핏물을 빼면 시간 경과에 따른 변색이나 비린내를 억제할 수 있고, 색이 맑고 감칠맛이 좋은 생선살로 완성할 수 있다.

도미 밑손질 Fillet the Sea Bream into Three Pieces

도미는 살이 연하고 뼈가 매우 단단한 생선이다. 특히 자연산은 척추뼈에서 배쪽으로 뻗은 혈관가시라는 잔뼈가 볼록하게 부풀어올라 있다. 따라서 칼에 의해 흠집이 나거나 살이 찢어지기 쉬워, 포뜨기 어려운 생선으로 알려져 있다. 생선용 칼을 사용해 윗살, 가운데뼈, 아랫살 3부분으로 나누는 산마이오로시(3장뜨기)를 한다. 껍질 아래로 감칠맛 성분이 많고 오독오독한 식감을 즐길 수 있기 때문에, 스시를 만들 때는 껍질을 벗겨서 스시를 쥐는 방법 외에도, 껍질이 붙은 채로 껍질만 유비키(뜨거운 물에 살짝 데치기)하여 스시를 쥐는 방법이 있다.

Sea Bream
도미

도미과 생선은 여러 종류가 있지만, 스시 세계에서 단순히 도미라고 하면 대부분 참돔을 말한다. 선명한 주홍색을 띠어 보기도 좋고, 일본에서는 오래전부터 축하하는 날에 내놓는 생선이었다. 자연산으로 낚은 것이 질이 좋아 귀하게 여겨지지만, 양식도 많다. 참돔은 단맛이 강하다고 알려져 있으며, 단맛을 느끼게 해주는 아미노산인 글리신을 가다랑어나 참치보다 많이 함유한다.

단맛이 느껴지는 글리신의 양 (100g당)		
도미	8~34mg	
가다랑어	4~7mg	
참치	3~8mg	

출처 : 일본영양·식량학회 HP 「식품의 유리아미노산 함량」

비늘제거기를 사용해 비늘을 정성껏 제거한다. 꼬리에서 머리 방향으로, 비늘 반대쪽으로 조금씩 움직이면서 머리 외의 비늘을 제거한다. 생선용 칼로 타고 끝을 세워 배쪽, 머리 주변 등도 조심스럽게 긋긴다. 머리와 등지느러미 등 가장자리 부분은 칼끝을 사용해 긁어낸다.

산마이오로시(3장뜨기) Fillet a fish into Three Pieces

산마이오로시는 가장 기본적인 생선 손질 방법으로, 생선용 칼을 사용하여 이름처럼 3장으로 잘라 분리한다. 스시 재료로 사용하는 생선 중 도미 외에도 전갱이, 가다랑어 등 대부분의 생선은 윗살, 가운데뼈, 아랫살 3장으로 나누고 윗살과 아랫살을 덩어리로 자른다. 생선을 뜨기 전에 비늘을 벗기고 내장을 제거해 씻은 다음, 머리와 꼬리를 잘라내는 「미즈아라이(물로 씻기)」 작업을 마쳐둔다.

[미 즈 아 라 이]

1. 비늘을 제거한다.(p.33 참고)
2. 머리를 오른쪽, 배를 앞쪽에 오게 놓고, 아가미뚜껑을 열어서 칼끝을 넣은 다음 가마(아가미 아래 가슴지느러미 부분)를 따라 잘라나간다. 가마와 아가미 사이의 얇은 막을 잘라낸다. 뒤집은 다음, 같은 방법으로 작업하여 가마와 아가미 사이의 얇은 막을 잘라낸다.
3. 아가미뚜껑을 열고 칼끝을 넣은 다음, 아가미 밑부분을 안쪽과 바깥쪽 두 군데 잘라서 아가미를 떼어낸다.
4. 내장이 터지지 않도록, 칼끝만 사용하여 턱에서 항문까지 칼을 넣는다.
5. 손으로 내장을 꺼내고 칼로 잘라서 분리한다.
6. 칼끝을 가운데뼈에 대고 지아이(검붉은 살)에 칼집을 낸다.
7. 배 속을 흐르는 물로 깨끗이 씻는다. 젖은 면보로 닦아낸다.
8. 가슴지느러미와 배지느러미를 잇는 선을 따라 칼로 칼집을 내고, 가운데뼈에 닿으면 멈춘다. 뒤집어서 같은 방법으로 칼집을 낸다.
9. 칼을 세워서, 머리와 몸통을 연결하고 있는 뼈를 단번에 잘라 머리를 분리한다.

1. 윗살을 분리한다. 배가 앞쪽에, 꼬리가 왼쪽에 오게 놓고, 윗살쪽을 손으로 가볍게 벌려서 잡은 다음 배지느러미 아래로 가운데뼈를 따라 칼을 넣는다. 등뼈까지 절반 정도 깊이로 칼을 넣고 꼬리쪽으로 잘라나간다.

2. 꼬리까지 닿으면 한 번 칼을 빼고, 다시 머리쪽부터 칼을 넣는다. 윗살을 손으로 가볍게 들고, 자르는 속도에 맞춰서 조금씩 윗살을 들어올리며 뼈를 따라 꼬리쪽으로 잘라나간다.

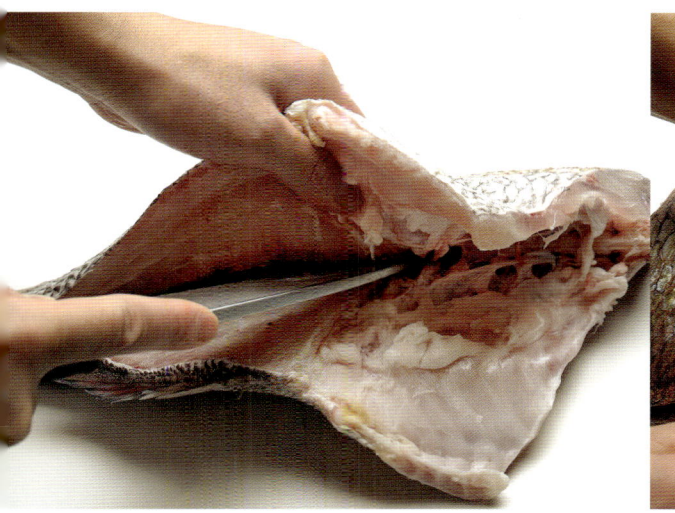

3 등뼈까지 닿도록. 머리에서 꼬리를 향해 조금씩 칼로 잘라나간다.

4 등뼈까지 닿게 자른 다음 꼬리가 오른쪽에, 등이 앞쪽에 오게 놓고, 꼬리쪽에서 머리를 향해 칼집을 얕게 넣는다.

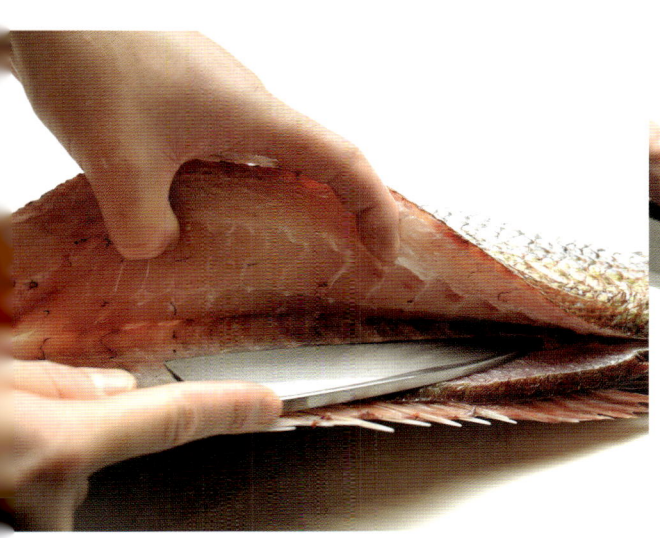

5 윗살을 손으로 가볍게 들고, 자르는 속도에 맞춰서 조금씩 윗살을 들어올리며 가운데뼈를 따라 머리쪽으로 잘라나간다. 등뼈에 닿을 때까지, 등뼈를 따라 칼을 넣는다.

6 등뼈 위 불룩 튀어나온 부분을 칼끝으로 따라가듯이 잘라나간다.

7 꼬리쪽으로 칼날이 향하도록 잡고, 단번에 잘라 윗살을 분리한다.

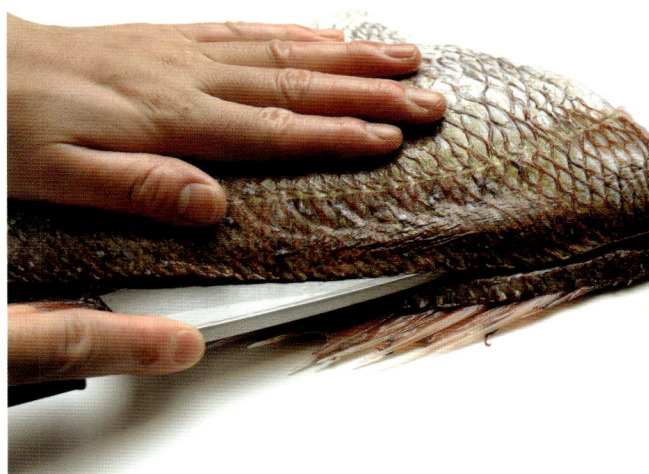

8 머리가 오른쪽, 등이 앞쪽에 오게 놓고, 가운데뼈를 따라 얕게 칼집을 넣는다.

9 아랫살을 손으로 가볍게 들고, 자르는 속도에 맞춰서 조금씩 아랫살을 들어올리며 뼈를 따라 꼬리쪽으로 등뼈를 향해 잘라나간다.

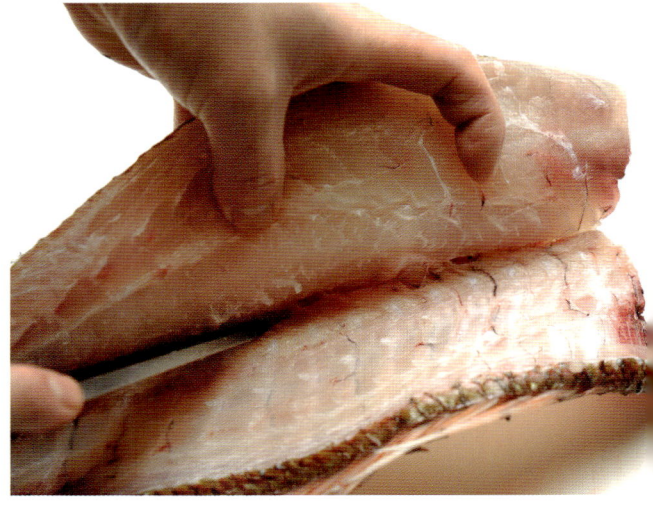

10 등뼈에 닿을 때까지 등뼈를 따라 칼을 넣는다.

11 꼬리가 오른쪽, 배가 앞쪽에 오게 놓고, 꼬리쪽에서 조금씩 잘라나간다.

12 꼬리쪽으로 칼날이 향하도록 잡고, 단번에 잘라 아랫살을 분리한다.

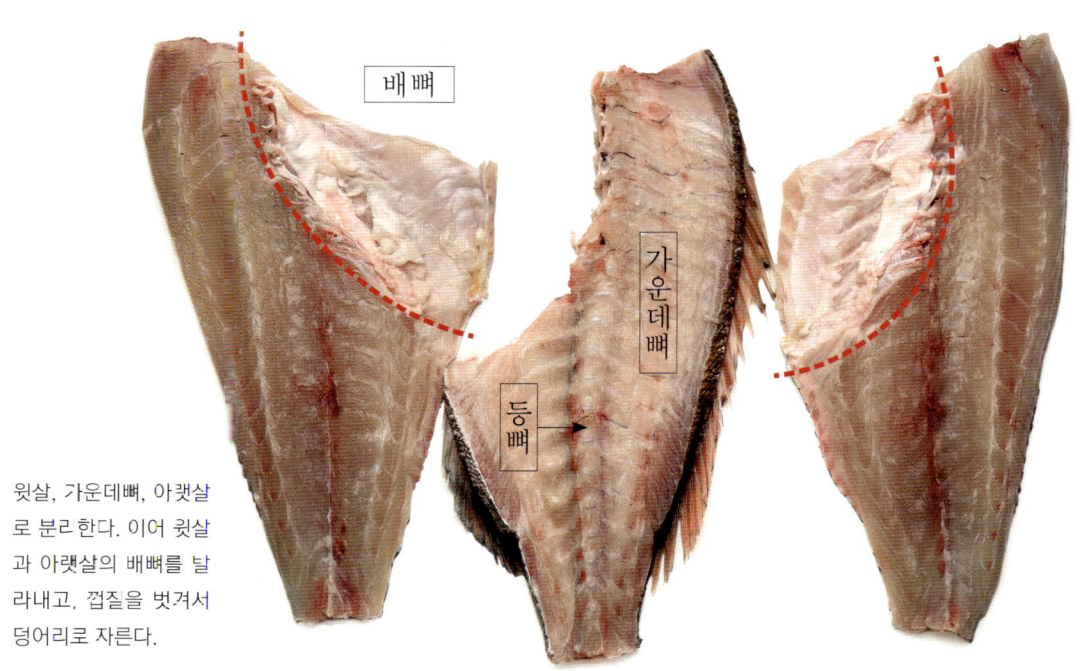

윗살, 가운데뼈, 아랫살로 분리한다. 이어 윗살과 아랫살의 배뼈를 달라내고. 껍질을 벗겨서 덩어리로 자른다.

광어와 가자미 밑손질 Fillet the Left-Eye Flounder and Right-Eye Flounder

광어와 가자미는 바다 밑바닥에 사는 생선으로, 좌우로 납작하고 평평한 체형이다. 이 체형 덕에 바다 밑바닥에 동화할 수 있어서 천적에게 잘 발견되지 않는다. 둘이 매우 닮았는데, 「왼쪽 광어, 오른쪽 가자미」라 하듯이 눈 위치가 다르다. 납작한 형태로 몸이 넓기 때문에 고마이오로시(5장뜨기)를 한다. 가운데 등뼈를 따라 칼집을 넣고 거기에서 배지느러미, 등지느러미쪽으로 잘라나가는데, 살에 흠집이 나지 않도록 분리한다.

Left-Eye Flounder
광어

자연산 광어는 늦가을~초봄이 제철로, 서리 내릴 무렵이 되면 지방이 올라 살이 두꺼워진다. 봄~여름에 잡히는 광어도 있지만, 산란을 마친 후여서 맛이 좋지 않다는 이유로 사용하지 않는 스시집도 적지 않다. 한 마리에서 소량만 나오는 「엔가와(지느러미 언저리살)」는 광어가 주로 사용하는 등지느러미와 배지느러미를 움직이는 근육으로, 오독오독한 식감과 좋은 감칠맛 덕분에 인기가 많다.

광어와 가자미의 비늘은 매우 잘고, 전면에 빼곡히 붙어있다. 따라서 회칼로 표면을 얇게 저미듯 벗겨낸다. 이를「스키비키」라고 한다. 앞면 검은 부분의 비늘과 뒷면 흰 부분의 비늘을 모두 제거한다.

가자미

가자미는 종류가 많은데, 스시 재료로는 문치가자미와 범가자미가 대중적이다. 둘 다 자연산은 여름이 제철이며, 문치가자미보다 범가자미가 흰살생선 중에서도 「환상적」이라 표현될 만큼 고급 스시 재료로 다루어진다. 가자미의 매력은 무엇보다 식감에 있다. 콜라겐이라는 단단한 단백질을 많이 함유하기 때문에, 날로 먹으면 오독오독한 씹는 맛을 준다.

고마이오로시(5장뜨기) Fillet a Fish into Five Pieces

고마이오로시는 광어나 가자미 등 살이 납작한 생선에 활용한다. 이름처럼 가운데뼈를 포함해 5장으로 분리한다. 엔가와는 지느러미가 시작되는 부분의 근육으로, 지느러미를 움직이기 위해 매우 발달했다. 여기서는 스시 재료이므로 흠집이 나지 않도록 조심스럽게 잘라나간다. 생선을 뜨기 전에 회칼로 비늘을 벗기고, 내장을 제거해 씻은 다음 머리와 꼬리를 잘라내는 「미즈아라이(물로 씻기)」 작업을 마쳐둔다.

[미즈아라이]

1. 회칼로 스키비키를 한다.(p.39 참고) 남은 비늘은 생선용 칼로 제거한다.
2. 가슴지느러미 옆에 생선용 칼을 넣고, 가마(아가미 아래 가슴지느러미 부분)를 따라 칼집을 넣는다. 뒤집은 다음, 같은 방법으로 칼집을 넣고 내장과 함께 머리를 몸에서 분리한다.
3. 깨끗이 씻고 물기를 닦아낸다.

1. 생선용 칼을 사용한다. 머리쪽이 오른쪽 뒤를 향하게 비스듬히 놓고, 왼손으로 몸을 가볍게 누르면서 몸 가운데 등뼈 위에 수직으로 칼을 넣어 칼집을 낸다.

2. 지느러미 가장자리를 칼끝으로 따라가며 살과 지느러미 사이에 얕고 둥글게 칼집을 넣는다.

3 꼬리가 오른쪽 뒤를 향하게 비스듬히 놓고, 칼날을 비스듬히 눕혀서 가운데에서 안쪽으로 가운데뼈를 따라 조금씩 잘라 간다.

4 지느러미와 살 사이에 칼끝으로 칼집을 넣는다.

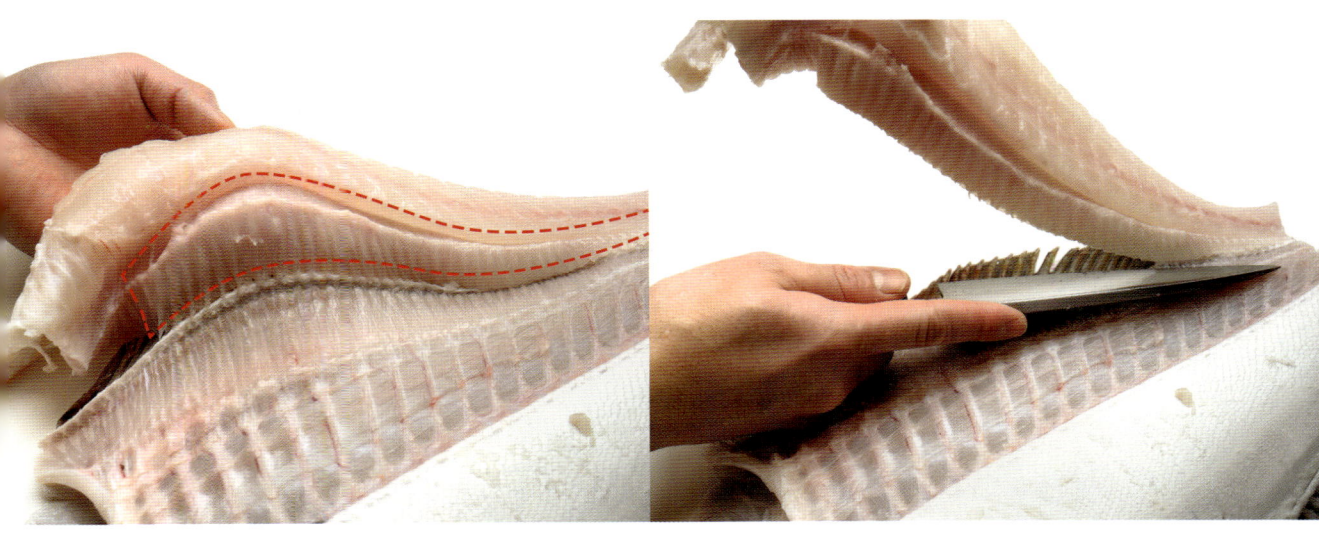

5 조심스럽게 살을 들어올린다. 점선으로 표시한 부분 더 엔가와다.

6 칼을 눕혀서, 지느러미와 살 사이에 칼끝을 넣어가며 천천히 살의 절반을 분리한다.

7 머리쪽이 오른쪽 뒤를 향하게 비스듬히 놓고, 칼날을 눕혀서 반대쪽 절반도 가운데뼈를 따라 조금씩 잘라간다. 지느러미와 살 사이에 칼끝을 넣으면서 천천히 살의 절반을 분리한다.

8 뒤집은 다음, 지느러미 가장자리를 칼끝으로 따라가면서 살과 지느러미 사이에 얕고 둥글게 칼집을 넣는다.

9 꼬리가 오른쪽 뒤를 향하게 비스듬히 놓고, 왼손으로 몸을 가볍게 누르면서 몸 가운데 등뼈 위에 수직으로 생선용 칼을 넣어 칼집을 낸다.

10 꼬리가 오른쪽 뒤를 향하게 비스듬히 놓고, 칼날을 비스듬히 눕혀서 가운데에서 안쪽으로 가운데뼈를 따라 조금씩 잘라나간다.

11 가운데뼈를 따라 잘라가며 지느러미와 살 사이에 칼끝으로 칼질을 넣는다

12 조심스럽게 살을 들어 올린다. 칼을 눕히고 지느러미와 살 사이에 칼끝을 넣어가며 천천히 살의 절반을 분리한다. 마지막은 날을 머리쪽으로 향하여 분리한다.

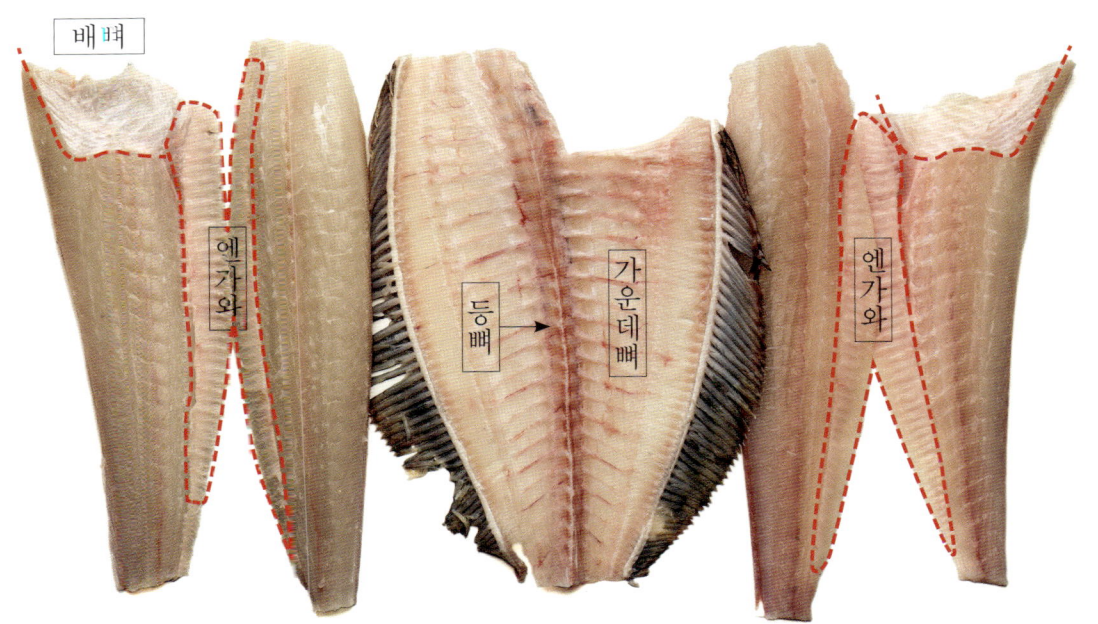

뱃살 2장, 등살 2장, 가운데뼈로 분리한다. 그 다음 배뼈를 칼로 발라내고 껍질을 벗겨서 덩어리로 자르면 완성이다. 엔가와도 잘라내고 껍질을 벗긴다.

다시마절임 Kelp Tightening

다시마절임은 다시마 사이에 생선 덩어리나 생선 토막을 끼워넣고 얼마 동안 재우는 요리법으로 도미, 가자미, 광어 등 흰살생선에 많이 사용한다. 다시마는 감칠맛 성분인 글루탐산을 많이 함유하는데, 이 글루탐산이 생선살로 이동한다. 생선은 또 다른 감칠맛 성분인 이노신산을 많이 함유하는데, 글루탐산과 섞이면 각각 따로 맛보는 것보다 감칠맛이 몇 배 강하게 느껴진다. 이를 감칠맛 상승효과라 하며, 다시마절임으로 이 효과를 기대할 수 있다.

또한, 건어물인 다시마로 생선의 수분이 이동하여 살이 더욱 수축한다. 수분이 나오고 살이 수축한다는 것은 감칠맛 성분도 농축된다는 뜻으로, 그만큼 감칠맛도 강하게 느껴진다.

다시마절임을 만드는 데 걸리는 시간은 몇 시간에서 며칠까지 다양하다. 재우는 시간, 온도, 습도에 따라 맛과 식감이 달라지기 때문에, 어떤 상태로 마무리할지는 다시마절임의 묘미이자 스시 장인들의 솜씨에 달려있다.

before
광어 덩어리. 다시마절임을 만들 때는, 먼저 다시마를 꽉 짠 면보로 닦는다.

after
다시마 사이에 살을 끼워넣고 2일 재운 광어 덩어리. 수분이 빠져 살이 수축하고 다시마 색소가 살에 스며들어 황갈색이 된다. 광어의 이노신산(IMP)과 다시마의 글루탐산(Glu)의 상승효과로 감칠맛이 강하게 느껴진다.

생선의 근육 Muscle of Fish

생선살, 즉 근육은 어느 생선이든 크게 횡문근과 평활근 2종류로 나뉜다.
오징어나 문어 같은 무척추동물은 여기에 사문근이 추가된다.

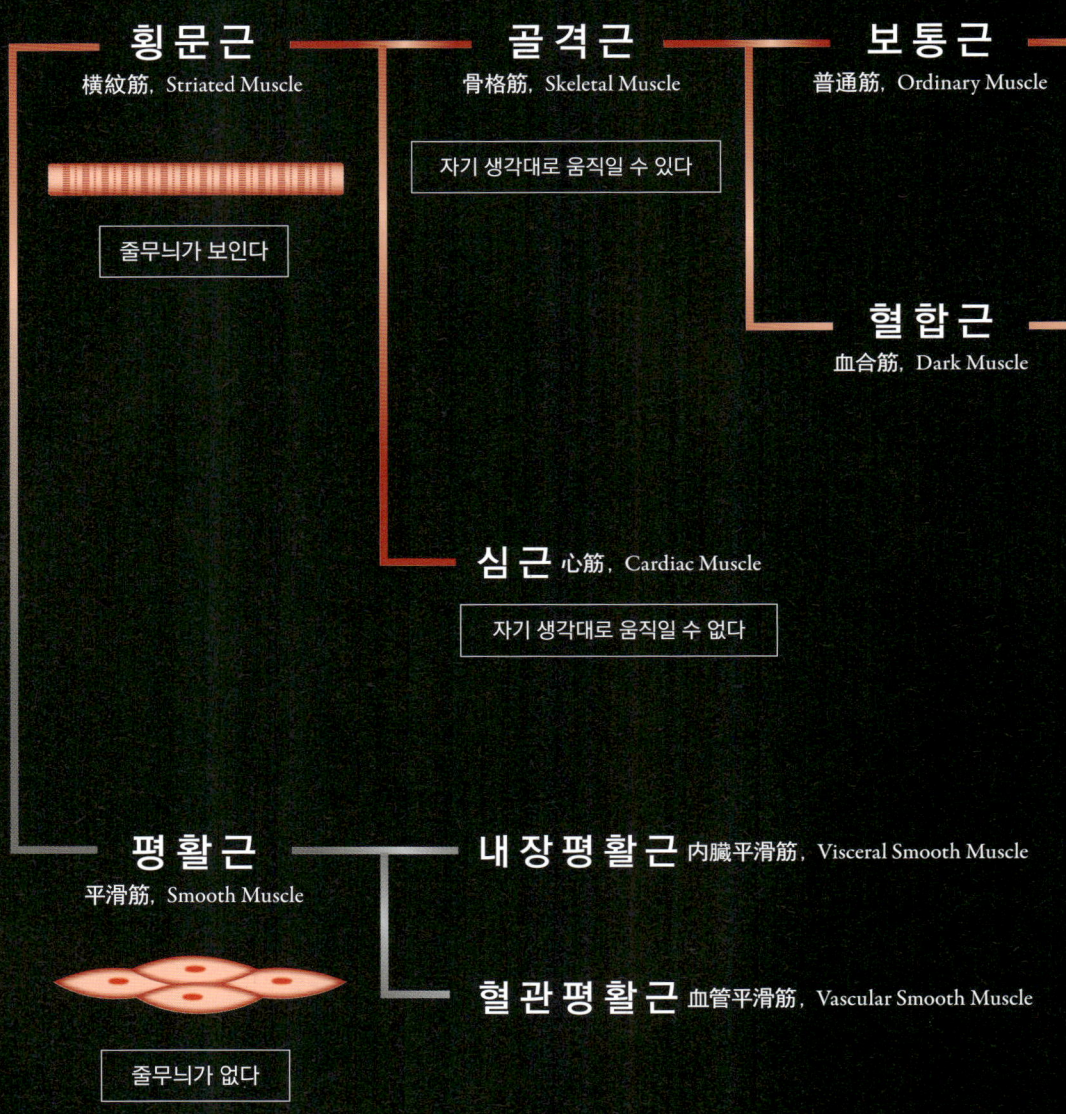

흰살생선 :
식감이 있는 흰살은 씹기 좋도록 얇게 저민다.

[콜라겐 양]

백색근
 흰살
白色筋, White Muscle

산소를 사용하지 않고, 근육 속 글리코겐을 분해해서 에너지를 얻어 움직인다. 순발력이 좋아 사냥감을 노릴 때나 도망칠 때 유용하다.

많음

적음

적색근
 붉은살
赤色筋, Red Muscle

색소단백질인 미오글로빈에 의해 혈액에서 산소를 흡수하고, 지방을 효과적으로 사용하여 에너지를 얻는다. 오랜 시간 헤엄칠 수 있다.

붉은살생선 :
부드러운 붉은살은 도톰하게 썬다.

[지아이(혈합근) 양]

적음   많음

도미, 광어, 가자미 등 흰살생선은 지아이가 적고 발달하지 않았다.

고등어나 전갱이의 생선살은 연한 붉은색을 띠며, 지아이가 발달하여 내부에 들어가 있다.

참치는 진한 붉은색이며 지아이가 내부까지 매우 발달해 있다.

생선 근육의 구조 Muscle Structure of Fish

스시 재료로 사용하는 어패류의 부위는 생선살에서 근육에 해당한다. 이렇게 설명하면 별로 맛있게 느껴지지 않겠지만, 섬유방향으로 자르기, 섬유 자르기, 살을 부드럽게 만들기 등 모두 근육을 손질하는 작업이다.

스시 재료로 사용하는 생선살은 생선의 근육으로, 대부분 골격근(횡문근)이라 불리는 부위다. (p.46 참고) 생선의 근육에는 진한 붉은색인 지아이, 즉 혈합근도 있지만 스시 재료로는 사용하지 않는다.
생물학적으로 보면 살은 근육이며 근육은 근섬유 다발이고, 근섬유는 근원섬유 다발이다. 어패류마다 근육 구조가 다르며, 이 부분이 생선살마다 개성이 된다.
또한 근육 구조의 변함에 따라 생선살의 품질, 특히 식감에 큰 영향을 준다.
근섬유가 약해지거나 끊어지면 생선살이 부드러워지고, 수축하여 굳는다.

흰살생선과 붉은살생선의 식감 차이

근원섬유와 근원섬유 사이에는 근형질이라는, 물에 녹는 성질을 가진 공모양 단백질이 있다. 이 단백질은 구슬로 만든 쿠션 같은 역할을 한다. 근형질은 흰살생선에는 적고, 붉은살생선에는 많은 경향이 있다.
씹을 때 치아의 압력에 비해 근형질이 움직이는 양이 적기 때문에 흰살생선은 딱딱하게 느껴지고, 움직이는 양이 많은 붉은살생선은 부드럽게 느껴진다. 하지만 이는 하나의 요인일 뿐, 식감의 차이는 각각의 수분량, 지방량 등에 따라서도 크게 달라진다.

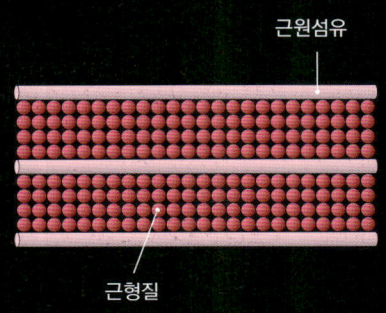

근원섬유
근형질

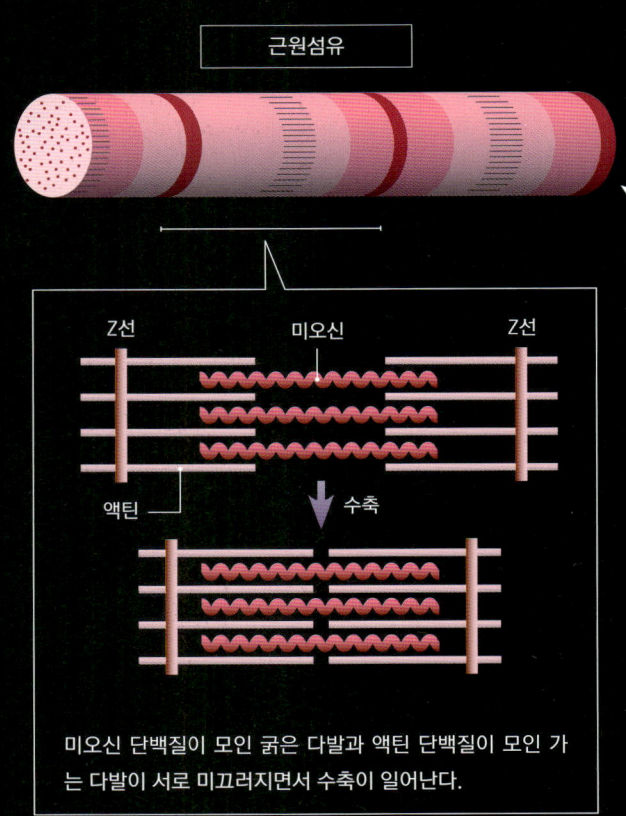

근원섬유
Z선 미오신 Z선
액틴 수축

미오신 단백질이 모인 굵은 다발과 액틴 단백질이 모인 가는 다발이 서로 미끄러지면서 수축이 일어난다.

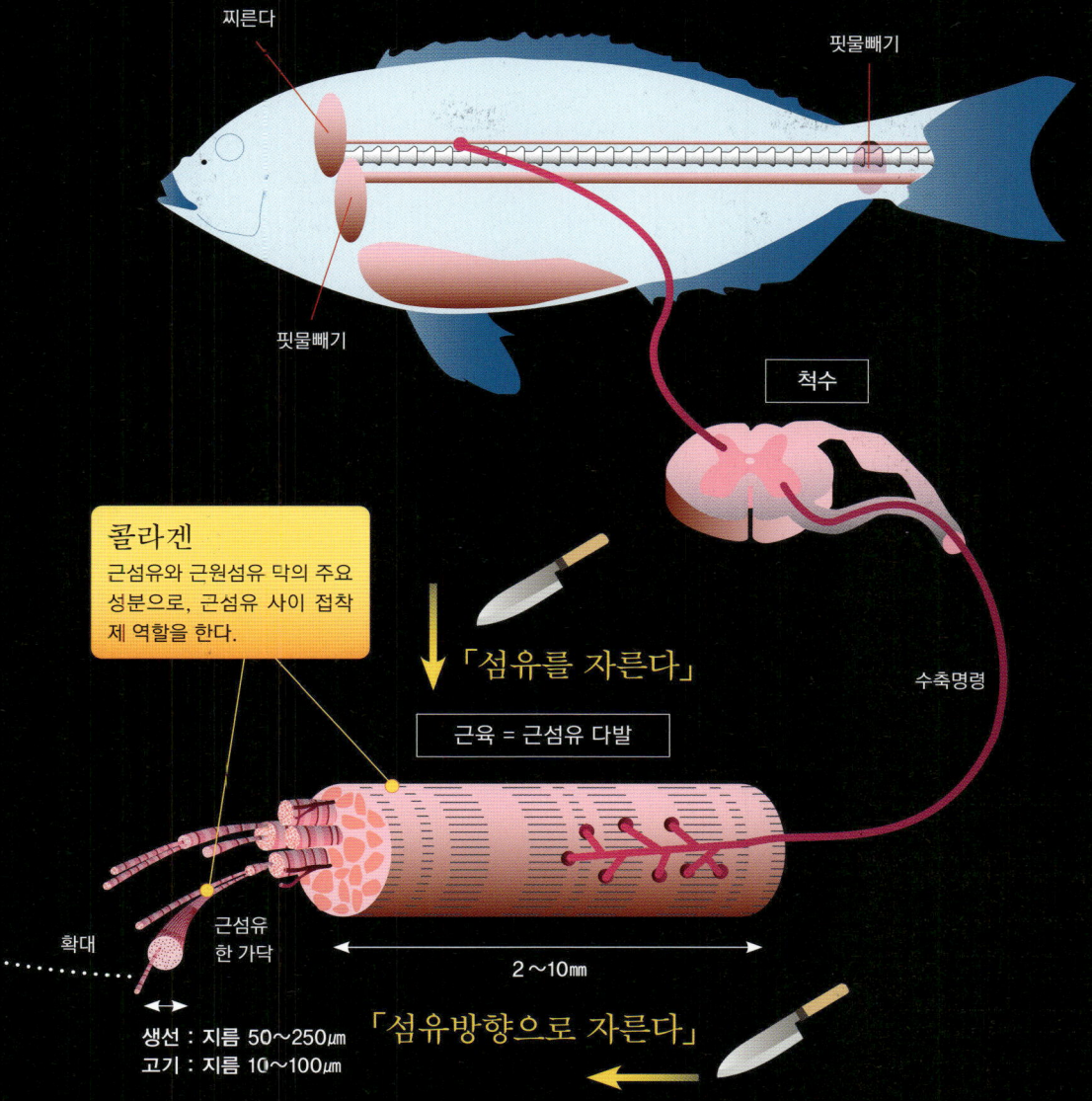

생선이 「부드러워지는」 구조

생선을 찌르면 일단 경직되었다가 부드러워진다. 여기에는 크게 두 가지 이유가 있다. 하나는 근원섬유가 약해지기 때문이다. 근원섬유는 미오신과 액틴이라는 단백질이 겹쳐 있고, 이것들이 서로 미끄러지면서 수축한다.(p.48 참고) 미오신과 액틴이 겹치는 곳은 Z선이라는 막 같은 물질로 나뉜다. 찌른 후에는 Z선이 느슨해지고 근섬유가 약해진다.
또 하나는 콜라겐의 영향인데, 콜라겐은 찌른 후에 점점 약해진다. 근섬유를 서로 붙여주는 역할을 담당하는 콜라겐이 약해지기 때문에 구조 전체가 느슨해진다. 느슨해지기 때문에 살이 부드러워진다.

생선의 사후경직 Rigor Mortis of Fish

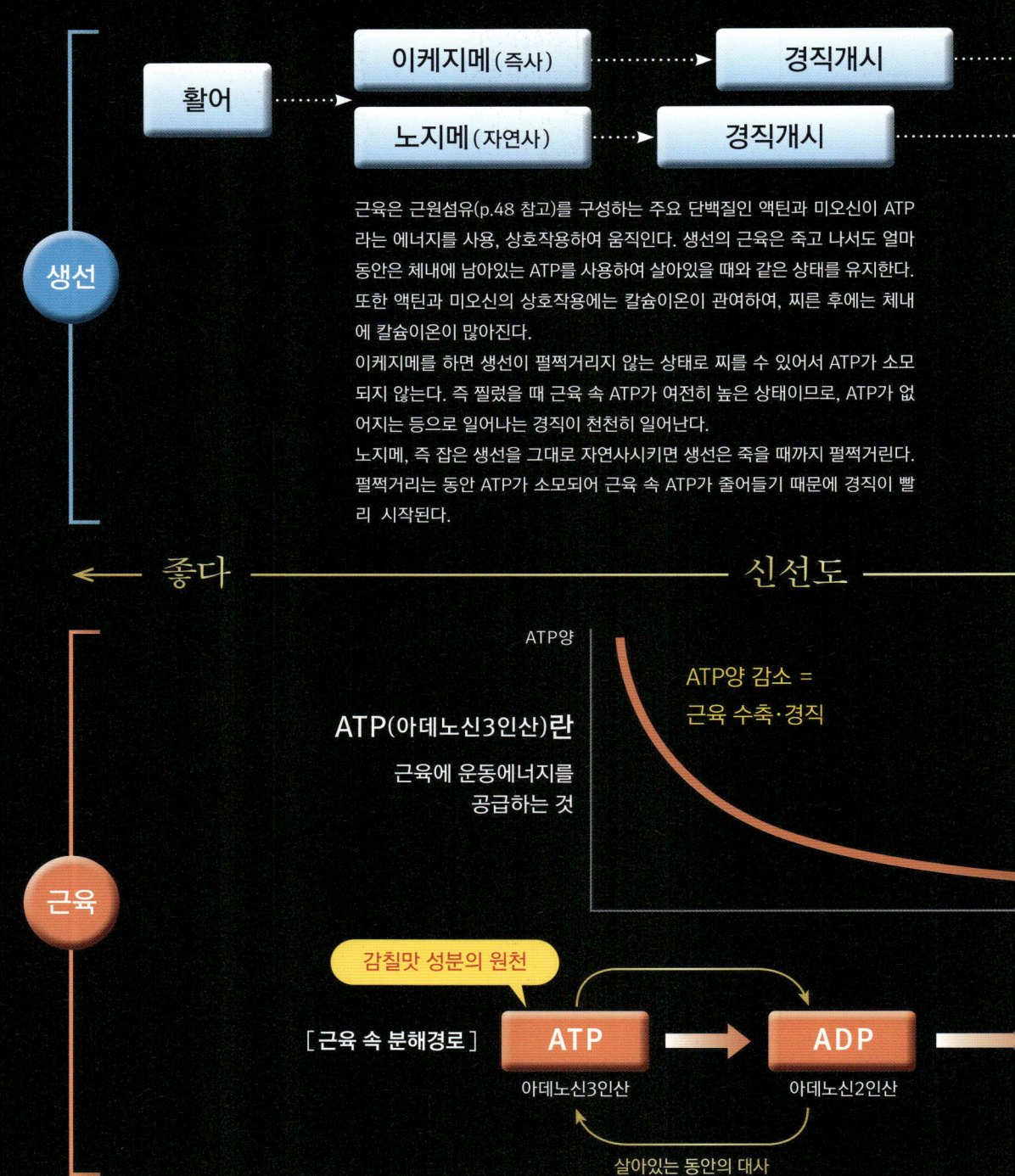

생선

활어 → 이케지메(즉사) ······→ 경직개시
     → 노지메(자연사) ······→ 경직개시

근육은 근원섬유(p.48 참고)를 구성하는 주요 단백질인 액틴과 미오신이 ATP라는 에너지를 사용, 상호작용하여 움직인다. 생선의 근육은 죽고 나서도 얼마 동안은 체내에 남아있는 ATP를 사용하여 살아있을 때와 같은 상태를 유지한다. 또한 액틴과 미오신의 상호작용에는 칼슘이온이 관여하여, 찌른 후에는 체내에 칼슘이온이 많아진다.

이케지메를 하면 생선이 펄쩍거리지 않는 상태로 찌를 수 있어서 ATP가 소모되지 않는다. 즉 찔렀을 때 근육 속 ATP가 여전히 높은 상태이므로, ATP가 없어지는 등으로 일어나는 경직이 천천히 일어난다.

노지메, 즉 잡은 생선을 그대로 자연사시키면 생선은 죽을 때까지 펄쩍거린다. 펄쩍거리는 동안 ATP가 소모되어 근육 속 ATP가 줄어들기 때문에 경직이 빨리 시작된다.

← 좋다   신선도 →

근육

ATP(아데노신3인산)란
근육에 운동에너지를 공급하는 것

ATP양 감소 = 근육 수축·경직

[근육 속 분해경로] 감칠맛 성분의 원천

ATP (아데노신3인산) → ADP (아데노신2인산)

살아있는 동안의 대사

호흡이 멈춘 다음 생선은 생선살 속, 즉 근육 속 산소 공급이 멈추기 때문에 살아있을 때와는 근육의 상태가 전혀 다르며, 시간이 지날수록 점점 변한다. 이는 생선을 찌르는 방법에 따라서도 크게 달라진다.

완전경직 → 경직해제·연화 → 부패

완전경직 → 경직해제·연화 → 부패

에너지원이 되는 ATP가 없어지고, 칼슘이 많아지면 액틴과 미오신의 상호작용이 멈춘다. 결국 이 둘은 달라붙은 채로 움직이지 않는다. 이것이 사후경직이다.

사후경직이 끝나면 다시 부드러워진다. 이는 단단해진 근육의 구조가 무너지기 때문이다. 사후경직 동안 근육조직이 계속 당겨지는데, 이 당겨지는 부분이 느슨해진다. 액틴과 미오신 사이의 결합이 시간이 지나면서 느슨해지는 것 등이 그 원인으로 알려져 있다. 숙성은 이 반응을 능숙하게 조절하는 방법이다.

나쁘다 →

[생선의 신선도를 나타내는 지표 : K값]

$$K값 (\%) = \frac{HxR + Hx}{ATP + ADP + AMP + IMP + HxR + Hx} \times 100$$

낮으면 신선하다. 좋은 신선도의 기준은 10~30%, 회는 20% 이하.

시간이 지나면 K값은 점점 높아진다.
빨리 높아지는 생선 = 붉은살생선, 느리게 높아지는 생선 = 흰살생선

시간 →

감칠맛 성분

AMP → IMP → HxR → Hx
아데노신1인산　이노신1인산　이노신　히포크산틴
(아데닐산)　(이노신산)

* ATP → HxR, Hx 변화는 미생물에 의한 부패 전 단계에서 일어나며, 근육이 원래 가진 효소작용에 의해 진행된다.

붉은살생선

Red Fleshed-Fish

살이 붉고 지아이(혈합근)가 많은 생선을
붉은살생선이라 부른다.
붉은 생선살과 새하얀 스시용 밥의 대비가 선명하다.
지방이 많아 풍부하고 진한 맛,
그리고 입에 넣는 순간
은은하게 느껴지는 산뜻한 붉은살의 맛이 큰 매력이다.

에도마에를 내세우는 스시집에서 붉은살생선이라 하면 참치와 가다랑어를 대표로 꼽는다. 그중에서도 참치는 에도마에즈시의 중심인 고급 스시 재료로 알려져 있지만, 전후 쇼와시대까지는 지방이 많다는 이유로 고급 생선 대접을 받지 못했다. 실제로 붉은살은 차돌박이 소고기에 비유할 정도로 지방이 많다. 이 지방은 낮은 온도에서도 잘 굳지 않는 성질이 있어서 입에 넣으면 사르르 녹는다. 붉은살에서 지방이 많은 부분을 「도로」라 부르는데, 이는 걸쭉함을 뜻하는 「トロリ(도로리)」에서 왔다.
또 다른 붉은살생선인 수컷 가다랑어는 초여름과 가을이 제철이다. 초여름에는 「첫물 가다랑어(하츠가츠오)」, 가을에는 「반환 가다랑어(모도리가츠오)」라 불리며, 반환 가다랑어가 첫물 가다랑어보다 지방 성분이 약 12배 더 많다. 참치도 가다랑어도 모두 회유어여서 매우 빠른 속도로 쿠로시오(일본 열도를 따라 태평양을 흐르는 난류)를 헤엄친다. 따라서 붉은살생선은 헤엄칠 때 사용하는 에너지원인 ATP(p.50 참고)를 많이 함유한다. 이 ATP가 감칠맛 성분인 이노신산이 되는 것 외에도, 같은 근육에 포함된 크레아틴이라는 유기산이 히스티딘이라는 아미노산 등과 합쳐져 붉은살 특유의 진한 맛을 만들어낸다.

참치 자르기 Cut into Blocks

스시집에 도착한 참치는 이른 아침 경매를 마치고 중매인에게 해체, 분리된 것이다. 거대한 참치는 중매인에 의해 우선 배쪽과 등쪽이 각각 안쪽과 바깥쪽 총 4부분으로 나뉘고, 다시 각각 머리쪽, 중간, 꼬리쪽 3부분으로 나뉘어 총 12개의 블록이 된다. 이것을 가게에서 원하는 만큼 다시 잘라서 구입한다. 부위에 따라 맛이 다르고 가격도 당연히 다르다. 사진은 배쪽의 머리쪽 블록으로 「하라나카」라 불리는 부위다. 지방이 많이 포함된 부분이다. 이것을 덩어리로 자른다.

Tuna
참치

참치는 참다랑어, 남방다랑어, 날개다랑어, 눈다랑어, 황다랑어 등 종류가 다양하지만, 보통 이야기하는 「참치」는 대부분 참다랑어(혼마구로)를 말한다. 첫 출하 때마다 높은 가격으로 화제가 될 정도로 인기가 좋아, 전체 길이 3m, 몸무게 400㎏이나 되는 위풍당당한 모습은 실로 참치의 왕이라 불릴 만하다. 은은한 신맛과 산뜻한 붉은살의 맛, 진한 감칠맛, 그리고 살살 녹는 듯한 지방의 맛이 특징이다. 대부분 스시집에서 참치를 숙성시키는데, 숙성 정도를 파악하는 것이 매우 중요하다. 신선도가 너무 좋으면 씹는 맛이나 향은 강하지만, 감칠맛이 조금 아쉬운 상태가 된다. 반대로 숙성이 지나치면 감칠맛은 강하지만, 향과 식감이 부족한 상태가 된다. 어느 타이밍에 먹어야 할지, 가장 좋은 상태를 놓치지 않는 눈이 필요하다.

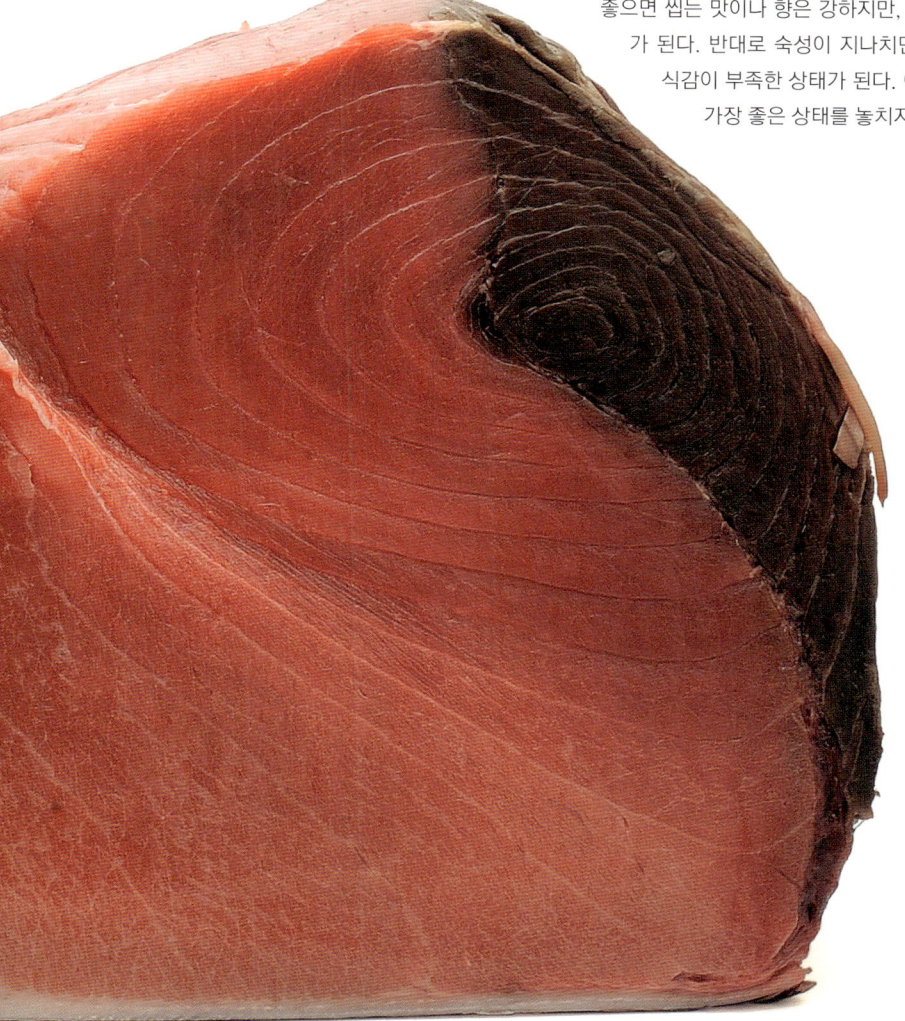

덩어리 자르기(사쿠도리) Cut and Divide Tuna into Fillets

참치는 다른 스시 재료와 달리 한 마리를 통째로 구입하는 경우가 거의 없다. 블록으로 샀다면 그대로 덩어리 자르기를 한다.

우선 지아이(혈합근, 검붉은 살), 아카미, 오토로, 주토로 4개 블록으로 크게 나눈다. 지아이는 가장 검붉은 부위다. 이곳은 어류의 가운데 부분에 세로로 자리 잡은 근육으로, 혈액 속 헤모글로빈과 유사한 색소단백질인 미오글로빈이 많아서 이런 색을 띤다. 지아이는 생선이 헤엄칠 때 사용된다. 미오글로빈은 근육조직 속에서 산소를 축적, 공급하는 역할을 하기 때문에 운동량이 많은 참치나 가다랑어 등 붉은살생선에 잘 발달되어 있다. 스시 재료로는 거의 사용하지 않는다. 블록에서 지아이를 뺀 나머지 부분이 실제 스시 재료에 사용하는 아카미, 오토로, 주토로로 나뉜다.

1 지아이가 위를 향하게 블록을 놓고, 지아이와 아카미의 경계선에 회칼을 넣는다. 그대로 경계를 따라 잘라나가, 지아이를 분리할 수 있게 잘라낸다.

힘줄이 적고, 부드러운 부분.

아카미 Lean Tuna

덴파 Low Fatty Part in the Center of Tuna

지아이 Dark Muscle of Fish

힘줄이 많은 부분. 힘줄이 잘리도록 주의하며 자른다.

오토로 Fatty Part

주토로 Medium-Fatty Part

2 아카미와 주토로의 경계에 도마와 평행이 되도록 칼을 넣고, 그대로 경계를 따라 잘라나간다.

3 아카미와 주토로를 분리한다. 주토로 윗부분 3㎝를 잘라낸다. 이 부위가 덴파다.

4 아카미에 붙은 지아이를 깔끔히 잘라낸다.

5 도마와 수직이 되게 칼을 넣고, 주토로와 오토로를 분리한다.

[2] 준비Ⅰ_생선 The Science of SUSHI Preparing I

스시를 쥘 때는 「기리츠케」라는, 생선회 모양으로 자르는 작업을 실행한 토막을 사용한다. p.59처럼 사용하기 쉬운 크기로 미리 평평하게 잘라서 재료 케이스에 넣고, 이것을 손님 앞에서 잘라 기리츠케하는 경우도 있다. 자를 때는 스시 한 개에 해당하는 길이를 고려한다. 이 길이는 사람마다 다르지만, 대체로 검지에서 새끼손가락까지 네 손가락의 길이를 기준으로 삼는다.

주토로
Medium-Fatty Part

껍질째로 3cm 정도 폭에 칼을 대고, 도마에 수직으로 내려서 자른다. 칼이 껍질에 닿으면 자르지 않고, 껍질을 따라 칼을 눕혀서 잘라가며 껍질을 분리한다. 스시 한 개 길이에 맞게 잘라서 정리한다. 벗긴 껍질을 절단면에 대고, 그 위를 종이로 감싸서 보관한다(오토로도 똑같이 작업한다).

오토로
Fatty Part

1 껍질째로 3cm 정도 폭에 칼을 대고, 도마에 수직으로 내려서 자른다.

2 칼이 껍질에 닿으면 자르지 않고, 껍질을 따라 칼을 눕혀서 잘라가며 껍질을 분리한다. 스시 한 개 길이에 맞게 잘라서 정리한다.

아카미
Lean Tuna

1 1.5cm 정도 폭으로 자른다.

2 스시 한 개 길이에 맞게 잘라서 정리한다.

붉은살과 흰살 Red-Fleshed Fish and White-Fleshed Fish

바다 표층을 헤엄치는 회유어의 근육으로, 붉고 지아이 부분이 많은 점이 특징이다. 완전히 새빨갛지 않아도, 보기에 붉은빛을 띠는 근육을 가지면 붉은살생선으로 간주된다. 생선살이 붉은 것은 근육 속에 「미오글로빈」이라는 붉은 색소단백질의 양이 많기 때문이다. 색소단백질은 산소를 운반하는 역할을 한다. 회유어는 빠른 속도로 헤엄치기 때문에 운동량이 많고 산소를 필요로 한다. 따라서 색소단백질을 많이 포함하여 몸이 붉어진다. 또한 감칠맛과 관련된 성분을 흰살생선보다 많이 함유하고 지방 성분도 많기 때문에, 붉은살은 흰살보다 맛이 진하게 느껴진다. 다만 지방량이 많은 만큼, 지질의 산화나 분해에 의해 특유의 냄새가 나기 쉽다.

● 가다랑어, 참치, 고등어, 꽁치, 정어리 등

운동량이
많지 않다

중층어·
저서어

근육이
희다

흰살
White-Fleshed Fish

근육이
단단하다

지아이가
거의 없다

색소
단백질이
적다

바다 중층이나 바닥에 사는 생선은 혈액 속 색소단백질이 근육이 하얗게 보일 정도밖에 포함되어 있지 않고, 지아이가 적은 경향이 있다. 운동량이 그다지 많지 않아서, 붉은살생선만큼 산소를 필요로 하지 않기 때문이다. 흰살생선은 맛이 담백하지만, 식감은 붉은살보다 단단한 것으로 알려져 있다. 이는 붉은살보다 콜라겐이 많아서다. 콜라겐은 가자미처럼 몸 전체를 사용해 구불거리며 헤엄치는 생선, 참돔과 농어처럼 몸 아래쪽 절반을 사용해 헤엄치는 생선, 참치나 가다랑어처럼 꼬리로 헤엄치는 생선 순으로 많이 포함되어 있다. 흰살을 붉은살보다 얇게 써는 이유는 바로 이 때문이다.

● 도미, 광어, 가자미, 농어 등

휴지·숙성 Aging

숙성이란, 맛을 향상시키기 위해 저온에서 일정 기간 저장하는 작업을 말한다. 주로 육류에 사용하는 방법이지만 생선에도 사용한다. 생선은 육류와 달리, 사후경직이 시작되면 그리 많은 시간이 지나지 않아서 경직이 풀린다. 생선회라면 그대로도 신선도가 좋아 많이 사용하지만, 스시 재료라면 보통 냉장고에서 휴지시킨 다음 사용한다. 막 구입했을 때는 살의 식감이 너무 두드러져, 스시용 밥과 잘 어울리지 않는 경우가 많기 때문이다. 생선에 따라서는 다시「숙성」시키는 경우도 있는데, 특히 참치와 광어가 여기에 해당한다. 덩어리로 자른 생선살을 키친타월이나 면보로 감싸서 냉장고에 보관한다. 어느 정도까지 숙성시킬지는 이상적으로 여기는「맛」,「향」, 그리고「식감」에 달려있다. 숙성 정도는 생선일 경우에는 주로 ATP와 단백질의 분해 정도에 따라 결정된다.

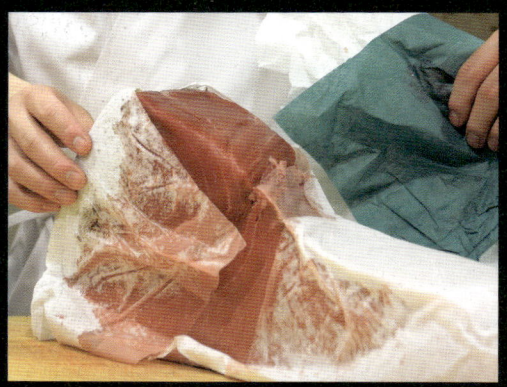

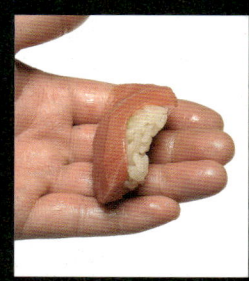

스시용 밥에 잘 어울리는 식감과 맛을 목표로 휴지시킨다.

숙성시킨 참치.

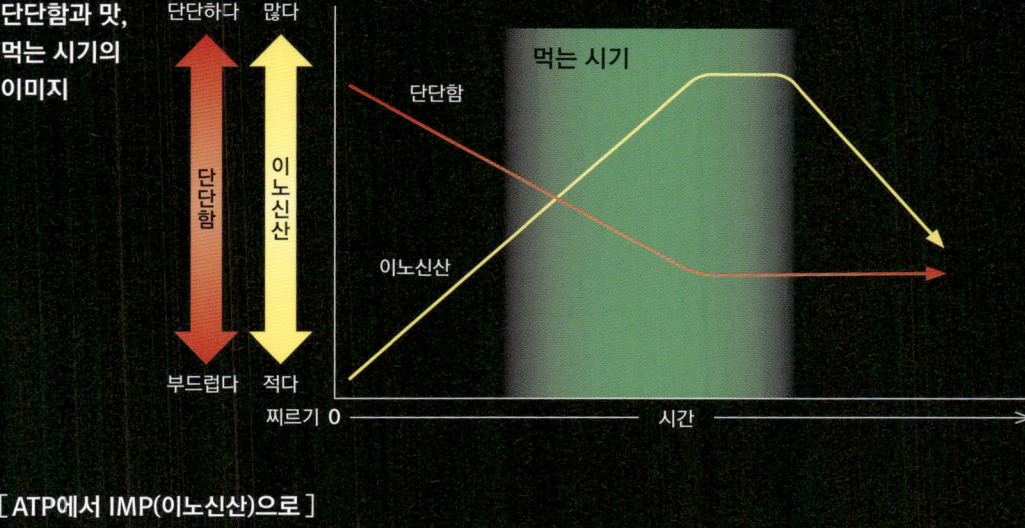

단단함과 맛, 먹는 시기의 이미지

[ATP에서 IMP(이노신산)으로]

생선 근육은 살아있는 동안 ATP라는 성분을 에너지원으로 움직인다. 생선이 죽으면 ATP는 근육 속에 포함된 효소의 작용에 의해 단계적으로 분해되며, 그 과정에서 감칠맛 성분인 이노신산(IMP)이 생겨난다. 이노신산이 더 분해되면 이노신(HxR)과 히포트산틴(Hx)이 된다. ATP가 IMP로 분해될 때까지의 반응은 매우 빠르지만, 이후 HxR, Hx까지는 매우 천천히 일어난다.(p.50~51 참고) 숙성 정도는 이 ATP가 감칠맛 성분인 IMP로 바뀌어 축적되어가는 상태와, IMP가 감소하여 감칠맛이 줄어드는 상태를 어떻게 조절할 것인가가 일단 중요하다.

[단백질에서 아미노산으로]

생선을 숙성시키면 생선 자체가 가진 다양한 효소의 작용으로 생선살의 상태가 변화한다. 단백질은 아미노산이 염주알처럼 연결되어 있는데, 이 염주알들이 얽혀 구조를 이룬다. 생선이 가진 단백질 분해효소가 염주알 간의 결합을 끊으면, 생선살에 맛과 관련된 여러 아미노산과 펩티드가 생겨난다. 펩티드는 신맛을 억제하는 효과가 있으며, 숙성을 통해 생기는 신맛을 억제하여 생선맛을 부드럽게 해주는 등 맛에 도움을 주는 성분 중 하나다. 살의 단단함을 유지시켜주는 콜라겐 등의 단백질 또한 효소 작용으로 일부 분해되기 때문에 살이 부드러워진다.

효소에 의한 분해: 분해는 생선이 본래 가진 효소에 의해 일어난다. 효소에는 여러 종류가 있다. 하나의 효소가 1종류의 결합만 끊는 것이 아니라, 여러 종류의 효소가 작용하여 여러 가지 결합을 끊는다.

단백질: 다수의 아미노산이 결합하여 복잡하게 얽혀있다.

펩티드: 아미노산이 2개 이상 결합한 구조다.

아미노산: 단백질이 아미노산으로 분해된다. 단백질을 구성하는 아미노산은 약 20종류다.

히카리모노

Silver-Skinned Fish

일본 스시집에서 히카리모노(빛나는 것)라고 부르는 것은, 이름 그대로 표면이 빛나는 생선이다. 파란색, 은색, 금색 등 여러 색이 있으며, 등푸른생선이 대부분이다. 생선살을 식초나 소금에 절인 다음 스시로 만든다. 날것과는 다른 식감, 향, 맛을 즐길 수 있도록 연구한 이런 「작업」은, 확실히 에도마에즈시의 꽃이다.

스시집에서 히카리모노라고 하면 전어, 전갱이, 고등어, 보리멸, 학공치 등을 말한다. 이 빛나는 모습의 정체는 구아닌이라는 성분인데, 비늘에 붙은 색소세포 속에 작은 판모양의 결정체로 존재한다. 색소는 아니지만 구아닌의 결정체가 빛을 잘 반사하기 때문에 빛나 보인다. 니기리즈시가 탄생한 에도시대에는 도쿄만에서 잡히는 작은 생선을 소금, 식초에 절이거나 다시마로 절이거나 했다. 지금은 껍질을 벗겨서 사용하는 경우도 많지만, 옛날에는 충분히 절여서 사용했기 때문에 껍질째 먹었다. 소금이나 식초 사용방법의 미묘한 차이에 따라 맛과 식감도 크게 달라진다. 「히카리모노를 먹어 보면 그 가게의 실력을 알 수 있다」고 할 정도로, 이는 기술이 돋보이는 스시 재료 중 하나다.

전어 밑손질 Preparing of a KOHADA

전어를 식초로 절이면 한층 더 「빛나는」 생선이 된다. 특이한 맛과 향, 그리고 잔뼈가 많은 얇은 살도 정성껏 손질하여 식초와 잘 어우러지게 만들면, 산뜻한 풍미가 나고 쫄깃한 식감이 생긴다. 푸르게 빛나는 껍질 표면의 검은 반점도 아름다워서, 먹기도 좋고 보기도 좋은 스시 재료다. 모양이 보기 좋고 몸이 통통한 것을 골라 손질한다. 배쪽에 들쑥날쑥한 비늘이 있기 때문에, 칼날로 조심스럽게 비늘을 긁는 것부터 시작한다.

[준 비]

1 비늘을 긁어낼 때까지 소금물에 담가두고, 비늘과 비늘 사이에 물을 넣어 비늘이 잘 제거되도록 해둔다.
2 배가 앞쪽에 오게 놓고, 중지와 검지로 몸통을 누르면서 생선용 칼 끝으로 등지느러미를 자른다.
3 칼을 세워서 전어 표면에 대고, 꼬리에서 머리쪽으로 가볍게 긁어서 비늘을 제거한다.
4 머리 근처에 검은 점이 있는데, 이 부분에 칼을 넣는다. 몸에 수직이 되도록 날을 똑바로 대고, 그대로 머리와 꼬리를 잘라낸다.
5 꼬리가 뒤쪽을 향하게 놓고, 내장이 볼록하게 부푼 배 부분을 세로로 자른다.
6 내장을 엄지로 밀어낸 후, 물속에 넣고 씻는다.

Gizzard Shad

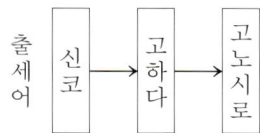

전어는 청어과 생선으로, 성장단계에 따라 이름이 달라지는 출세어 중 하나로 꼽힌다. 몸길이가 큰 것을 고노시로라 하며, 성어는 25~30㎝ 정도로 성장한다. 간토 지방에서는 7~10㎝ 정도를 고하다(간사이 지방에서는 츠나시), 이보다 작은 것을 신코라 부른다. 송사리처럼 작은 신코는 비싼 가격에 거래되는데, 스시 1개에 신코를 여러 장씩 올린 「○마이즈케(○장)」 스시가 있어 다행스러운 일이다.

1 머리를 오른쪽, 꼬리를 왼쪽에 놓고, 손으로 가볍게 누른 채 생선용 칼을 도마와 평행하게 머리쪽에 넣는다. 가운데뼈를 따라 자른다.

2 칼끝으로 가운데뼈를 따라가며 잘라나간다. 펼쳤을 때 양쪽 살의 두께가 같도록, 가운데뼈에 바짝 칼을 대어 뼈에 살이 남지 않게 한다.

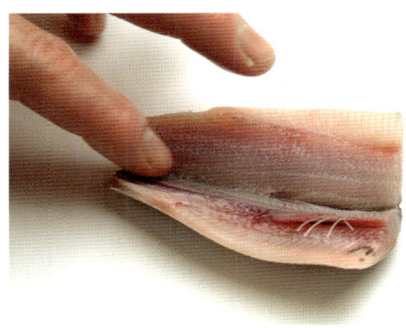

3 한가운데 등뼈를 손가락으로 문지르듯이 누르며 살을 펼친다.

4 껍질쪽이 위를 향하게 놓는다. 머리쪽부터 살과 뼈 사이에 칼끝을 넣어 뼈를 발라낸다. 뼈에 살이 남지 않게, 뼈만 발라내도록 조심스럽게 잘라나간다.

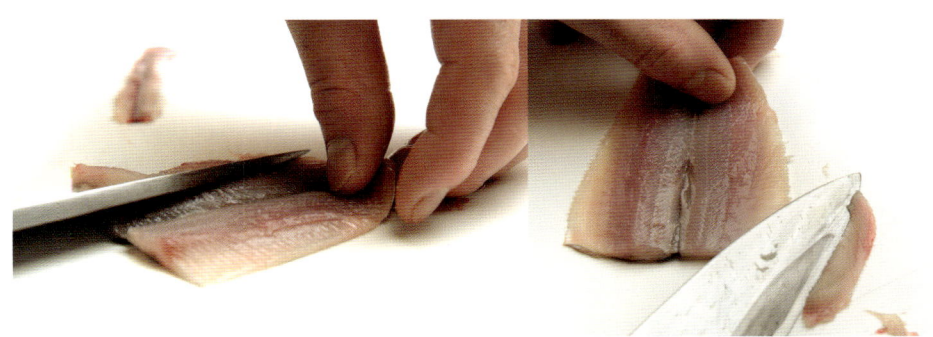

5 살쪽이 위를 향하게 놓는다. 꼬리를 뒤쪽에 두고 날을 눕혀 배뼈를 발라낸다.

6 칼을 반대로 향하게 잡고(사카사보쵸라는 기술), 5와 같은 부분을 발라낸다.

식초와 소금에 절이기 Tighten with Salt and Vinegar

전어 초절임은 먼저 소금에, 그 다음 식초에 절인다. 식초에서 꺼낸 후 몇 시간~하루 정도 두어 맛이 배게 한다. 소금과 식초의 양, 절이는 시간, 휴지시키는 시간 등 전어의 크기와 살의 두께, 지방이 오른 정도에 따라 세심하게 조절하면서 완성도를 판단한다.

큰 것이나 살이 두꺼운 것, 지방이 오른 것은 절이는 시간이 길어지며, 반대의 경우는 절이는 시간이 줄어든다. 살을 잘라서 펼칠 때 순간적으로 그 품질을 판단해야 하므로 경험과 직관, 기술이 요구되는 스시 재료라 할 수 있다. 스시의 요코즈나(천하장사)라고 불리는 이유다.

before

after

[초 절 임]

1. 채반에 소금을 뿌리고, 손질한 전어를 살이 위를 향하게 나란히 올린다.
2. 오른손으로 소금을 집고, 채반을 왼손으로 돌리면서 전체에 충분히 뿌린다.
3. 얼마 동안 그대로 둔 다음 흐르는 물에 씻고, 채반에 올려서 물기를 뺀다.
4. 식초에 넣고, 잘 흔들어주면서 식초로 씻는다.
5. 채반에 올려서 식초를 제거한 후, 다른 식초를 담은 그릇에 껍질이 아래를 향하게 넣고 5~10분 절인다.
6. 식초를 따라내고 용기에 나란히 넣어 보관한다.

소금에 절이기
Salted

식초로 씻기
Washed with Vinegar

단백질의 변성 Tightening Junction Protein

생선살을 식초나 소금에 담그면 단백질의 구조가 변화하여 살이 단단해진다. 단백질 구조의 변화를 변성이라 하는데, 여기에 소금의 탈수작용과 식초에 의한 산성도의 변화가 영향을 준다. 생선살을 절이려면 식초에 절이기 전에 미리 소금으로 충분히 절여야 한다.

Fresh

날 것 전어, 고등어, 전갱이 등

신선한 생선의 pH는 중성보다 산성에 조금 가깝다. 사후경직 때 생긴 젖산 때문에 pH가 점점 낮아지고, 이후 경직이 풀리면서 pH가 올라가서 원래 pH로 돌아간다. 식초로 절이는 생선은 전어, 고등어, 전갱이 등인데 이들은 변질이 빠른, 즉 신선도가 빠르게 낮아지는 생선으로 알려져 있다. 신선도를 잃으면 트리메틸아민이라는 냄새나는 성분이 생기고, 이는 생선냄새의 주요 원인이 된다. 트리메틸아민은 알칼리성이며, 산성인 식초와 섞여서 냄새가 나지 않는 성분으로 바뀌기 때문에 냄새를 억제할 수 있다.

Marinated with Salt

소금절임

생선살에 소금을 뿌리는 것은 짠맛이 배게 하는 목적도 있지만, 소금으로 생선살의 단백질을 변성시키는 것이 주목적이다. 생선살 단백질의 50% 정도를 차지하는 근원섬유단백질(p.48 참고)은 2~6%의 식염수에 녹는 성질이 있다. 생선에 소금을 뿌리고 얼마간 놔두면, 생선살 표면 근처 수분이 소금의 탈수작용에 의해 표면으로 나온다. 이렇게 생선살 표면이 고농도의 식염수에 덮인 상태가 되므로, 살 표면부분 단백질이 겔화되어 젤리처럼 부드러운 상태가 된다. 단, 소금을 충분히 뿌린 후에 필요 이상 방치하면, 살 표면을 덮는 식염수의 농도는 점점 높아진다. 식염농도가 15% 가까이 되면 겔화는 일어나지 않고, 생선살에서 탈수가 계속되기 때문에 생선살이 단단해지고 식감도 나빠진다.

식초의 pH

pH란 수용액이 산성, 중성, 알칼리성 중 어느 쪽인지 보여주는 지표다. 중성은 7 이다. 7보다 높으면 알칼리성이고, 7보다 낮으면 산성이다. 리트머스 시험지로 알 수 있으며 수용액에 담갔을 때 붉은색을 띠면 산성, 파란색을 띠면 알칼리성이다. 식초의 pH는 3 정도다.

산성 < pH7 < 알칼리성

Washed and Marinated with Vinegar

식초로 씻기 · 초절임

「단백질 덩어리」라고도 할 수 있는 생선살에 산성인 식초를 넣으면, 단백질이 변성한다.

근육에는 수많은 세포가 모여있는데, 단백질 일부는 세포 속 물에 녹아있다. 신선한 생선살은 pH6 정도지만, 식초를 더해 약간 산성이 된 pH(pH5 근처)에서는 산의 영향으로 근섬유 사이의 틈이 좁아져서 살이 강하게 수축한 상태로 굳는다. 여기에 강한 산성인 pH4 이하가 되면, 이번에는 반대로 근섬유의 단백질이 산에 녹아버리기 때문에 살이 물러진다. 하지만 식초에 절이기 전에 소금으로 먼저 절이면, 근섬유가 녹지 않고 뭉친 채로 살이 수축한다. 식초에 절인 생선이 하얗게 보이는 것은 이 때문이다.

[초절임에 소금이 필요한 이유]

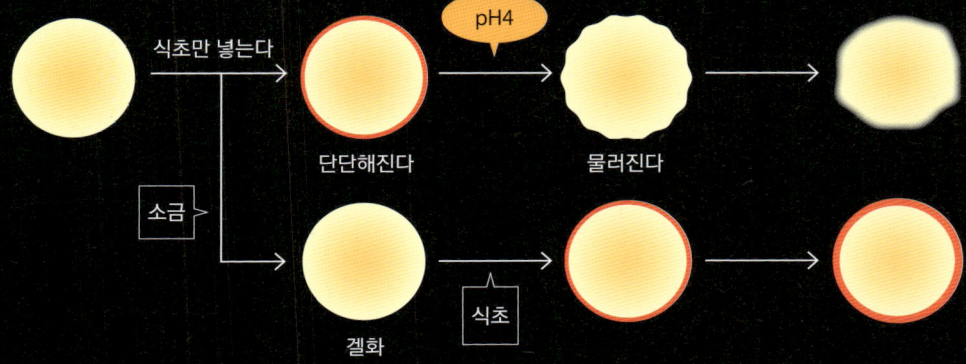

Blue Fish

등푸른생선

고등어, 전갱이, 꽁치, 정어리 등 몸에 푸른빛을 띠는 생선을 가리킨다. 운동성이 뛰어나 근육이 붉으며 지아이(혈합근)도 발달했기 때문에, 흰살과 붉은살로 나누자면 붉은살에 속한다. 맛 성분이 많고 생선마다 독특한 맛과 향을 가진다. 특히 제철을 맞아 지방이 오른 등푸른생선 스시는 인기가 많으며 가을철 고등어와 꽁치, 여름철 전갱이는 매년마다 기대감을 불러일으킨다. 등푸른생선은 신선도의 저하가 빠르고 부패하기 쉬워 지금까지 대부분 초절임을 했지만, 유통의 발달로 날 것으로 스시를 만드는 경우도 늘어나고 있다.

Mackerel
고등어

고등어는 망치고등어와 참고등어가 있다. 사진은 참고등어로, 흔히 말하는 고등어가 바로 이것이다. 「〈」모양의 줄무늬가 특징이다. 소금과 식초에 절이는 경우가 많으며, 정성껏 절인 고등어는 가운데 부위가 날것처럼 녹는 듯한 식감이 있어 고등어 특유의 강력한 맛을 즐길 수 있다. 고등어류를 먹고 두드러기가 나는 사람이 있는데, 이는 고등어가 죽은 다음 근육 속에 다량 축적된 히스타민에 중독되기 때문이다.

산마이오로시(3장뜨기) Fillet a fish into Three Pieces

윗살, 가운데뼈, 아랫살 3장으로 나누고, 윗살과 아랫살을 덩어리로 자른다. 생선을 뜨기 전에 비늘을 제거하고 내장을 떼어내 씻은 다음 머리와 꼬리를 잘라내는 작업, 일식용어로 「미즈아라이(물로 씻기)」를 마쳐둔다.(p.34 참고)

1 윗살을 분리한다. 배를 앞쪽에, 꼬리를 왼쪽에 놓고 윗살쪽을 손으로 가볍게 벌려서 잡은 다음 가운데뼈를 따라 칼을 넣는다. 꼬리를 향해 잘라나간다.

2 꼬리를 오른쪽, 등을 앞쪽에 놓는다. 꼬리쪽부터 등에 칼을 넣고 가운데뼈를 따라서, 머리부분을 향해 잘라나간다.

3 머리쪽까지 도달하면 한 번 칼을 빼고, 꼬리로 칼날이 향하게 칼을 넣은 다음 그대로 꼬리를 향해 잘라서 분리한다. 아랫살도 같은 방법으로 작업한다.

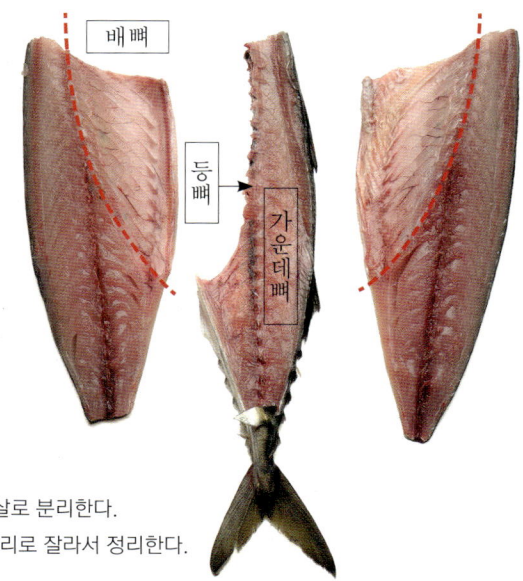

윗살, 가운데뼈, 아랫살로 분리한다.
배뼈를 발라내고 덩어리로 잘라서 정리한다.

정어리의 신선도 Freshness of Sardine

정어리가 금방 상하는 이유는?

에도시대부터 시작된 오랜 스시 역사 속에서 정어리는 비교적 새로운 스시 재료다. 왜냐하면 정어리는 금방 상하기 때문에 예전 유통방식으로는 날로 먹기가 불가능했기 때문이다.

정어리가 금방 상하는 데는 여러 이유가 있다.

먼저 정어리는 1마리씩 잡는 경우가 드물고, 많은 양을 그물로 잡는다. 가다랑어나 참치처럼 1마리씩 이케지메할 수 없다. 핏물을 빼지 못하기 때문에 p.50처럼 죽을 때까지 스트레스를 받아 ATP가 소모되고, 죽은 후에도 빨리 분해되어 비린내 성분이 나오기 쉽다.

정어리는 또한 부드러워서 상처가 생기기 쉬우며 지방도 많은 생선이다. 상처 난 곳에서 생선 표면에 붙어있는 세균 효소가 작용하는 등, 생선 비린내 성분인 트리메틸아민이 만들어지거나 지방에 포함된 지방산의 산화, 분해로 특유의 냄새가 생겨난다. 구입하자마자 얼음물에 담그고, 바로 내장을 제거하여 처리한다. 부드럽기 때문에 살이 부서지지 않도록 주의하며 신속하게 스시 재료로 사용해야 한다.

[생선 비린내의 정체]

무취 → 세균·효소 → 비린내 성분

트리메틸아민옥사이드 → **트리메틸아민**

* 알칼리성
* 산성으로 변하면 냄새나지 않는 물질이 된다
  = 비린내 제거

비린내 성분인 트리메틸아민(TMA)의 원인이 되는 물질은 무취인 트리메틸아민옥사이드(TMAO)이다. TMAO는 생선의 먹이를 통해 몸속에 들어오는데, 죽은 후 생선 몸 표면에 붙어 있는 미생물이나 체내효소 등의 작용으로 TMA가 되어 이른바「비린내」가 나기 시작한다. 담수어에는 TMAO가 없기 때문에 해수어 특유의

생선 미즈아라이 Washing

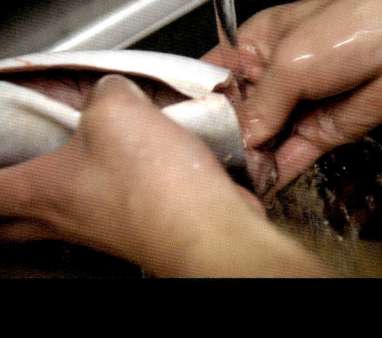

생선은 담수로 씻는다. 이는 생선에 묻어있는 혈액 등을 씻어내기 위한 외형적인 이유나 밑손질을 편하게 하기 위한 이유도 있지만, 내장 근처나 생선 표면의 점막에 많이 포함된 트리메틸아민(비린내의 원인이 되는 성분. p.75 참고)을 씻어내어 비린내를 억제하려는 중요한 목적도 있다. 어패류 식중독을 일으키는 원인 대부분은 「장염비브리오」라는 균이다. 이 균은 소금물 환경을 좋아하며 담수에 약하기 때문에, 생선을 씻을 때는 소금물이 아닌 담수를 사용한다.

식초의 살균작용 Microbicidal Effect of Vinegar

옛날부터 식초에는 살균작용이 있다고 알려져 왔다. 식초는 초산을 포함하는데, 이 초산이 산성을 띤다.(pH3 정도) 식중독을 일으키는 균류는 산성에서 살 수 없기 때문에 산성 물질을 뿌리면 살균을 하거나 세균의 증식을 억제할 수 있다.

2.5% 정도로 희석한 식초는 일부 세균을 제외하면 살균효과가 있고, 식염을 병용하면 효과가 더욱 좋아진다고 알려져 있다. 즉 식초와 소금을 섞은 배합초는 살균에 도움이 된다고 볼 수 있다. 게다가 곰팡이류는 pH5 정도의 산성을 선호한다. 이 곰팡이를 억제하기 위해서도 식초와 소금의 병용은 효과적이다.

[설탕과 소금을 넣었을 때 식초의 살균효과]

세균명	식초	살균에 필요한 시간(분)_ 30℃일 때		
		배합초		
		단촛물(식초+설탕)	이배초(식초+소금)	삼배초(식초+설탕+소금)
대장균	30	30	10	10
시트로박터 프룬디	10	30	5	10
살모넬라균	10	10	5	10
모르가넬라	10	30	5	10
황색포도상구균	10	30	10	10
장염비브리오	<0.25	<0.25	<0.25	<0.25

출처 : 엔타니 에츠조, 배합초 살균작용에 대한 일본식품공업학회지, 28, 7 (1981)

위 표는 식초(산도 2.5%)에 설탕(10%)이나 소금(3.5%), 또는 2가지 모두 넣어서 단촛물, 이배초, 삼배초를 만든 다음 해당 식중독균에 대한 살균력을 측정한 결과다. 수치는 살균까지 걸리는 시간(분)으로 이 값이 작을수록 살균력이 높다. 각 식중독균을 보면, 식초만 사용할 때보다 식초에 설탕을 넣은 단촛물에서 살균력이 약해지지만, 식초에 소금을 넣은 이배초에서는 강해지고, 식초에 설탕과 소금을 모두 넣은 삼배초는 단촛물과 이배초의 중간 정도 살균력을 가진다. 스시용 밥에 사용되는, 식초에 소금을 더한 배합초는 살균효과가 높다는 사실을 알 수 있다.

발효 중인 후나즈시. 떡붕어(겐고로부나)나 니고로부나를 재료로 사용한다. (사진제공 : 시가 「후나즈시 우오지」)

후나즈시의 젖산발효
Lactic Acid Fermentation of FUNA-ZUSHI

스시의 원점을 나레즈시라고 한다.(p.9 참고) 숙성시켰다는 점에서 일본의 가장 유명한 나레즈시는 「후나즈시」이다. 후나즈시에서 밥은 절일 때 사용하는 재료로, 숙성이 끝나면 생선만 먹는다. 본래 생선을 보존하는 수단으로 만들어졌기 때문에 숙성에 오랜 시간이 걸린다.

숙성 동안 생선 근육의 단백질이 분해되어 다양한 감칠맛 성분이 생겨난다. 동시에 증식한 유산균의 작용으로 젖산 등의 유기산과 알코올도 만들어진다. 이 유기산이 pH를 낮춰서 미생물의 증식을 막고 보존할 수 있는 구조다.

소금에 처음 절일 때는 염분농도가 15%인 소금을 사용하기 때문에 보툴리누스균 같은 식중독의 발생을 막을 수 있다. 보툴리누스균은 5% 이상의 소금에서는 증식할 수 없다고 알려져 있다.

장염비브리오
감염성 위장염을 일으키는 균의 하나. 식중독의 원인인 식품으로 판명된 것 대부분이 어패류나 그 가공품이다. 오염된 물이나 도구로 2차 오염을 일으키는 경우도 있다. 소금이 있는 환경을 선호하며, 바닷물과 같은 3% 식염농도에서 가장 잘 발육하고 영양, 온도 등의 조건이 갖추어지면 8~9분만에 분열, 증식한다. 10℃ 이하에서는 발육하지 않는다. 열에 약하기 때문에 끓이면 순식간에 사멸한다. (참고 : 일본 국립감염증연구소HP)

보툴리누스균
식중독을 일으키는 균으로 산소가 적은 상태를 선호한다. pH4.6 이하에서는 발생하지 않는다. 밥이 젖산발효하면 pH4~4.5 정도까지 떨어지기 때문에 보툴리누스균이 발생하지 않는다.

설탕절임 Tightened with Sugar

생선살에 소금을 뿌려 절이는 과정은, 생선살의 세포막에 반투과성이라는 성질이 있어서 가능하다. 반투과성이란 물은 통과시키지만 소금은 통과시키지 못하는 성질을 말한다. 생선에 소금을 뿌리면 표면 근처 세포 바깥의 염분농도가 높아지므로, 반투막을 통해 세포 속의 물이 세포 밖으로 빠져나간다. 이것이 탈수다. 이때 물에 녹아있는 비린내 성분도 함께 밖으로 빠져나가기 때문에 생선 비린내를 억제할 수 있다.

소금뿐만 아니라 설탕도 이런 현상이 일어난다. 소금으로만 절이면 짜거나 생선살이 너무 단단해질 수 있으므로, 고등어를 절일 때 설탕을 사용하기도 한다. 소금에 절이기 전에 설탕에 절인 다음 소금, 식초 순서로 절이는 방법도 있다.

Science Point

물분자만 통과되는 반투막

세포 안쪽과 바깥쪽은 반투막으로 나뉜다. 반투막은 아주 작은 구멍이 뚫린 막으로 물분자만 통과할 수 있다. 설탕이나 감칠맛 성분 같은 분자량이 큰 성분은 통과할 수 없다. 따라서 농도가 다른 용액을 반투막으로 나누면, 농도가 옅은 액체에서 짙은 액체로 물분자만 이동한다.

[탈수의 원리]

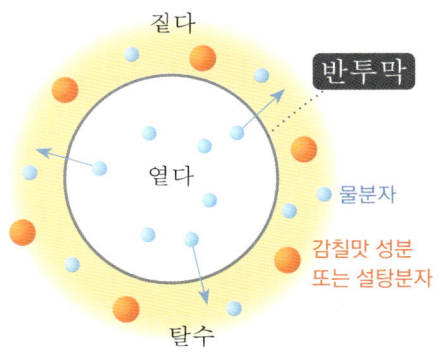

조개

Shellfish

니기리즈시가 태어난 에도시대, 도쿄만에서는 조개류가 풍부하게 잡혔다.
덕분에 조개류는 그때부터 스시 재료로 사용되어왔다.
하지만 날것이 아니라 조림이나 초절임 등
이른바 「작업」을 거쳐서 사용했다. 지금은 생으로 스시를 만드는 경우도 많아
다양한 조개가 제철인 추운 시기부터 봄까지
재료 케이스에서 다채로운 색감을 뽐내고 있다.

스시 재료로 사용하는 조개류는 왕우럭조개, 피조개, 새조개, 전복, 가리비, 백합, 키조개, 개량조개, 오분자기, 관자 등이 있다. 이 중에서 전복, 백합, 오분자기는 「조림」으로 만드는데, 단단해지기 쉬운 조개를 스시용 밥에 어울리도록 절묘하게 조절하여 부드럽게 만드는 기술이 필요하다.

생조개의 매력은 무엇보다도 탱탱한 식감과 산뜻한 바다내음, 그리고 진한 감칠맛과 조개류만이 가진 단맛에 있다. 여기서 식감은 콜라겐의 풍부한 양에 의해, 맛은 글리신과 글루탐산 등의 아미노산과 호박산 등의 유기산 그리고 글리코겐 등에 의한 것으로, 이 「성분의 양」의 많고 적음이 신선도를 크게 좌우한다. 껍데기째 살아있는 조개를 구입했을 때도 조갯살의 신선도 유지에 주의가 필요하다.

Science Point

식감을 좌우하는 콜라겐의 양

어패류의 단단함은 근육 속 콜라겐의 양과 연관된다. 콜라겐 양이 많으면 단단하고, 적으면 부드러운 경향이 있다. 아래 표는 어패류에 포함된 단백질 대비 콜라겐의 양이다. 날것으로 먹을 수 있는 양은 3% 이하인데, 문어나 전복은 8% 이상도 포함되어 있다. 콜라겐 양이 많으면 익혔을 때 특유의 부드러움이 생긴다.

어패류 근육의 콜라겐 양(근육단백질 대비 %)

정어리	2	오징어	2~3
도미	3	문어	6
가다랑어	2	전복	5~40 (부위에 따라)

[2] 준비 I _ 생선   The Science of SUSHI Preparing I

왕우럭조개 밑손질 Preparing of a Gaper

Gaper
왕우럭조개

일본에서는 미루가이라고 하는데, 이는 시장에서 부르는 이름이며 정식 이름은 「미루쿠이」다. 풍부한 바다내음과 강한 감칠맛, 두툼한 살의 탱탱한 식감으로 인기가 많은 스시 재료다. 스시 재료로 사용하는 부위는 바닷물이 나오고 들어가는 수관이라는 부분으로, 굵고 길며 가끔씩 껍데기 밖으로 나와 있다. 나와 있는 수관이 검은색을 띄는 것은 청각이라는 해초가 붙어있기 때문으로, 조개가 이 해초를 먹고 있는 것처럼 보여서 미루쿠이(「미루」는 청각, 「쿠이」는 먹는다는 의미)라는 이름이 붙었다고 한다. 날씨가 추워지는 가을부터 봄까지가 제철이다. 최근 왕우럭조개가 잘 잡히지 않아 희소가치가 생기고 고급스러운 재료가 되어, 큰 수관을 가진 「코끼리조개(나미가이)」를 대신 사용하기도 한다. 하지만 이 또한 줄어들고 있다.

껍데기 열기

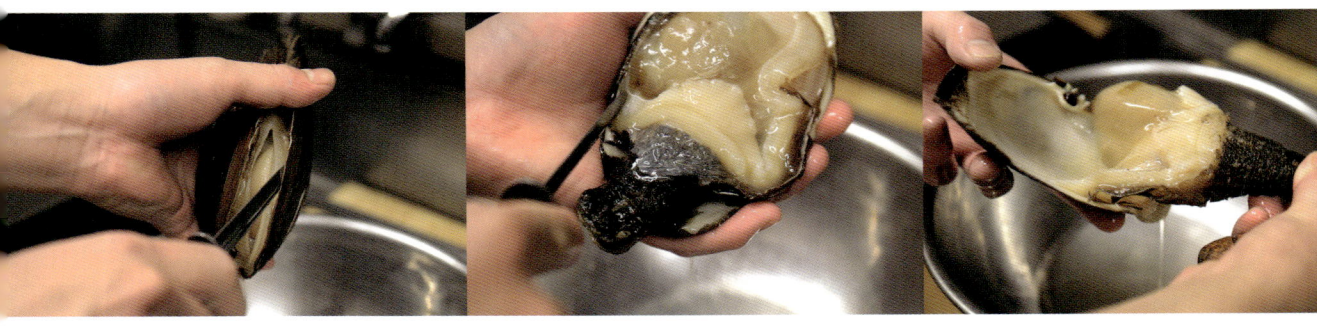

1 조개손질용 칼이나 일반 칼을 껍데기 사이에 넣고, 관자를 도려내듯 자른다. 한쪽 껍데기가 바로 떼어진다.

2 반대쪽 껍데기에 붙은 관자를 자르고 조개손질용 칼로 한 바퀴 돌린다.

3 수관을 잡아당겨 살을 떼어낸다. 물로 깨끗이 씻는다.

밑손질

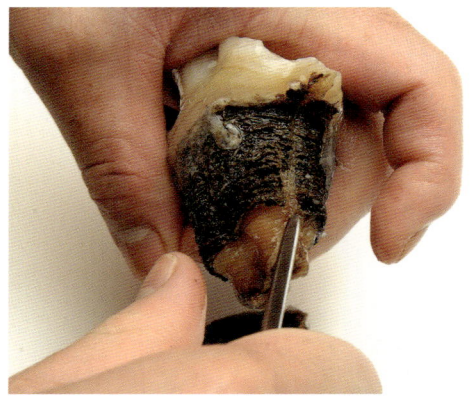

1 왕우럭조개는 수관과 몸통으로 나뉜다. 사진의 위치에 칼을 넣고, 외투막이 수관에 붙은 채르 밀어내듯이 수관과 몸통을 분리한다. 몸통은 스시 재료로 잘 사용하지 않는다.

2 수관에 붙어있는 검은 부분은 해초다. 이 해초를 깎아낸다. 단단한 부리모양의 끝부분부터 칼집을 넣는다.

3 상처가 나지 않도록 표면을 조심스럽게 긁어낸다.

수관 _ 스시 재료로 사용
몸통

물로 씻고 밑손질한 왕우럭조개. 깎아낸 검은 부분이 해초다.

조갯살 펼치기

1 칼을 눕히고 왕우럭조개가 반으로 나뉘도록 칼집을 낸다. 완전히 잘리지 않는 선에서 최대한 깊이 넣는다.

2 칼로 눌러서 평평하게 펼친다. 왕우럭조개에 붙어있는 막을 벗겨낸다. 끝단을 잘라낸다. 모래가 묻은 곳은 깨끗이 씻는다.

밑손질이 끝난 스시 재료. 가늘고 뾰족한, 색 있는 부분을 살려서 기리츠케를 한다.

조개의 근육 Muscles of a Shellfish

생선의 근육은 횡문근과 평활근으로 나뉘지만(p.46 참고), 조개나 오징어, 문어는 여기에 사문근이라는 근육을 하나 더 가진다. 조개는 바닷속에서 항상 껍데기를 닫고 있어서, 이에 사용되는 근육이 독특한 식감을 준다.

조개·오징어*·문어

횡문근 (골격근)
Striated Muscle

평활근
Smooth Muscle

사문근
Oblique Muscle

오징어·문어의 몸통

* 오징어, 문어 근육은 p.100 참고.

관자

백합이나 피조개 등의 관자 근육은 폐각근이라 부르며, 주로 평활근과 횡문근(골격근)으로 이루어져 있다. 횡문근은 껍데기를 빨리 닫기 위한 근육이고, 평활근은 껍데기를 계속 닫고 있기 위한 근육이다. 즉 평활근이 많으면 닫고 있는 힘이 강해서 껍데기를 열기 어렵다.

살아있는 조개의 껍데기는 닫혀 있어서 열려고 해도 쉽게 열리지 않는다. 닫고 있는 힘은 1㎠당 100kg이나 된다고 한다. 그래서 생조개를 열려면 도구를 이용해 「비틀어 여는 방법」밖에 없다. 다만 조개를 굽는 등 가열하면 평활근 구조가 변하여 껍데기에서 분리되므로, 껍데기가 열린다.

어패류 혈액의 색

생선뿐 아니라 척추를 가진 생물은 체내에서 산소를 운반하기 위해 철을 이용한다. 산소와 결합하는 철을 가진 혈액색소가 바로 헤모글로빈이다. 헤모글로빈이 붉은색을 띠기 때문에 혈액의 색도 붉은색이다. 척추가 없는 조개류나 새우, 오징어 등의 연체동물은 산소 운반에 구리를 이용한다. 산소와 결합하는 구리를 가진 혈액색소는 헤모글로빈이 아니라 헤모시아닌이라 불린다. 이것이 암청색, 암녹색을 띠므로 혈액의 색이 암청색, 암녹색이다. 다만 피조개는 예외로, 산소를 운반하는 데 척추동물과 마찬가지로 철을 사용하기 때문에 피가 선명한 붉은색을 띤다.

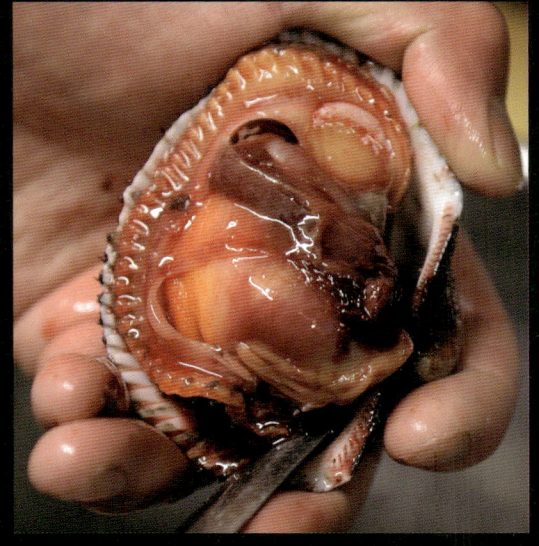

피조개 밑손질 Preparing of an Ark Shell

손으로 잡고 흔들었을 때 속이 꽉 찬 느낌이 드는 조개를 고른다. 껍데기째 무게를 쟀을 때 100~120g에 해당하는 크기를 많이 사용한다. 제철은 10~3월로 춘분 전후 일주일이 지나면 산란기가 오기 때문에 살이 빠진다. 어느 조개든 마찬가지지만, 조개손질용 칼이나 일반 칼로 껍데기를 열 때 조갯살에 상처가 생기지 않는 것이 중요하다.

Ark Shell 피조개

고급스러운 주홍빛이 아름다워서 생긴 이름이다. 도톰하고 부드러우며, 신선한 것은 촉촉하여, 껍데기를 열면 바다내음이 퍼진다. 조갯살에 칼집을 내고 두들긴 다음 스시를 만든다. 신선한 피조개는 근육이 반응하여 살이 수축하고 칼집이 벌어져서 더욱 화려한 모습이 된다. 조갯살 주위의 외투막은 니기리즈시나 히모큐마키(외투막오이 김초밥) 등에 사용한다.

껍데기 열기

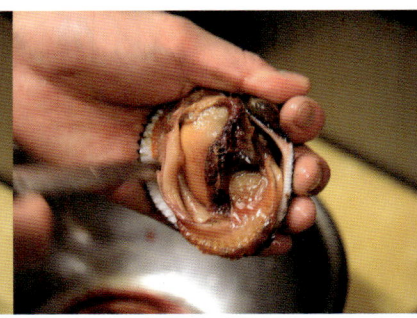

1 껍데기 이음매가 위를 향하게 잡는다. 조개손질용 칼 또는 일반 칼을 이음매에 넣고, 세게 비틀어 껍데기 이음매를 제거한다.

2 조개 가장자리를 따라 조개손질용 칼을 움직여 관자를 분리한다. 한쪽 껍데기를 떼어낸다.

3 다른 쪽 껍데기의 관자도 같은 방법으로 잘라서, 살을 꺼낸다.

밑손질

1 조갯살의 볼록한 부분을 잡아서 세우고, 칼을 넣는다.

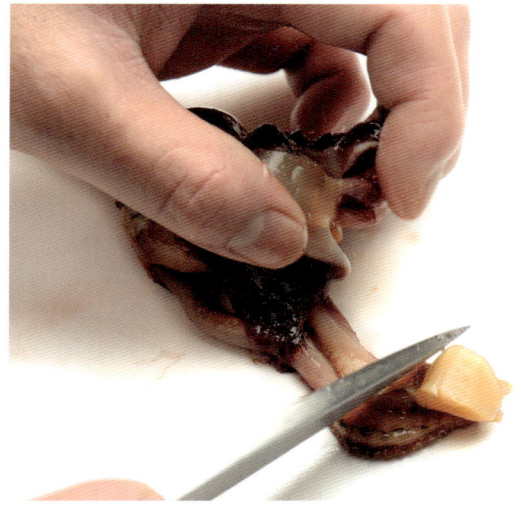

2 외투막 위를 칼로 미끄러지듯 당겨, 살과 외투막을 분리한다.

살과 외투막을 분리한 피조개. 조갯살에는 아직 내장이 남아있으므로 제거한다.

조갯살 펼치기

1 칼을 눕혀 조갯살 중간에 칼을 넣는다. 조갯살이 완전히 잘리기 직전까지 칼을 넣고 펼친다.

2 내장이 위를 향해 있으므로, 내장을 잘라낸다.

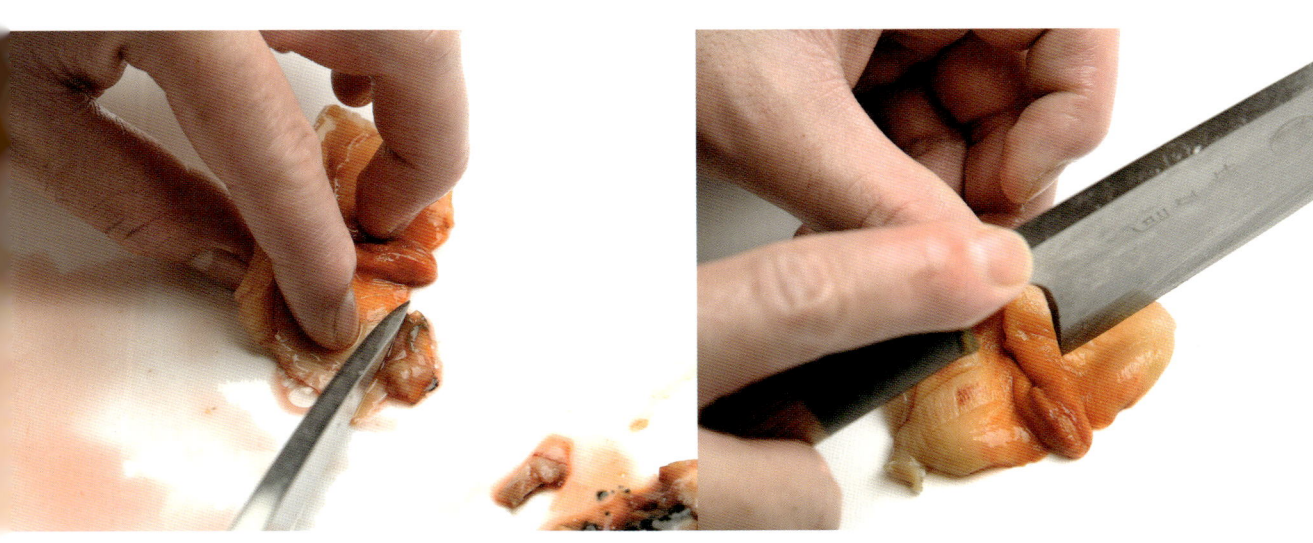

3 튀어나온 부분을 잘라서 모양을 정리한다.

4 물로 씻고, 칼턱으로 칼집을 낸다.

조개류의 감칠맛

일반적으로 근육이 계속 수축하려면 에너지원인 ATP(p.50~51 참고)가 필요하다. 하지만 조개류의 폐각근(관자)은 수축을 유지하는 동안, 즉 살아있는 상태로 껍데기를 계속 닫고 있는 동안 에너지를 거의 필요로 하지 않는다. 따라서 ATP도 거의 분해되지 않는다. 관자의 ATP는 생선의 경우처럼 효소작용으로 분해되고, 그 과정에서 근육 속에 AMP와 IMP(이노신산)가 축적된다. 관자는 이 분해가 생선에 비해 천천히 일어난다. 체내에는 감칠맛 성분인 AMP와 IMP가 있고, 아미노산인 글루탐산이 있어 이들 맛의 상승효과로 감칠맛이 더욱 강해진다. 또한 강한 단맛의 아미노산인 글리신이 풍부하기 때문에, 관자만의 독특한 감칠맛과 단맛이 만들어진다.

고바시라의 식감

개량조개의 조갯살을 「아오야기」, 그 관자를 「고바시라」라고 한다. 생선살의 근육은 횡문근이 대부분이지만, 관자의 근육인 폐각근에는 이 횡문근과 평활근이 모두 있다.(p.85 참고) 투명한 부분이 횡문근, 불투명한 부분이 민무늬 평활근으로, 이 구조에 의해 독특한 식감이 생긴다.

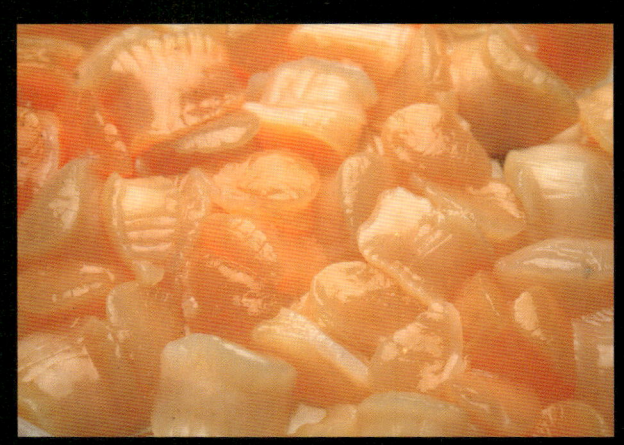

전복 조리기는
100℃에서 30분 이상

둥근전복은 날것이든 조린 것이든 맛있는 스시 재료다. 둥근전복의 독특한 식감은 콜라겐이라는 단백질과 관계가 있다. 둥근전복은 몸의 중심에서 바깥쪽으로 5~40%의 콜라겐을 함유하며, 이 콜라겐이 조리법에 따라 풍부한 식감을 선사한다. 날것의 오독오독한 식감이 콜라겐에 의해 생겨나며, 콜라겐을 가열하면 젤라틴화라는 변화가 일어나 살이 부드러워진다.

가열시간은 단시간(15~30분) 가열과 장시간(3~5시간) 가열로 나뉘며, 스시 장인의 취향에 따라 시간이 결정된다.

둥근전복은 상온 상태에서 30분 정도 끓는 온도로 가열하면 콜라겐이 분해되어 부드러워진다. 또한 온도가 올라가는 동안 효소가 작용하여, 둥근전복의 단백질 일부를 분해하고 감칠맛에 영향을 주는 펩티드와 아미노산이 늘어난다.

장시간 가열하면 콜라겐이 더 많이 분해되며, 한계는 있지만 점점 더 부드러워진다. 단시간 가열로는 채 분해되지 않은 콜라겐이 분해되기 때문에 펩티드도 늘어난다. 전복살이 부드러워지면 감칠맛을 쉽게 느낄 수 있다.

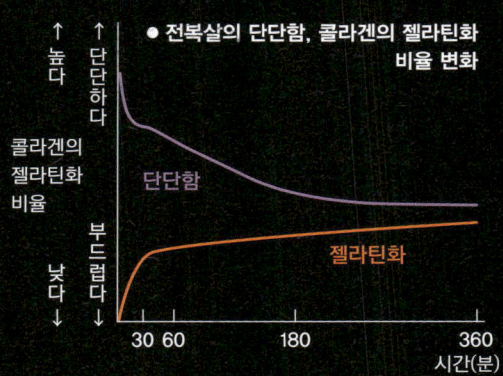

● 전복살의 단단함, 콜라겐의 젤라틴화 비율 변화

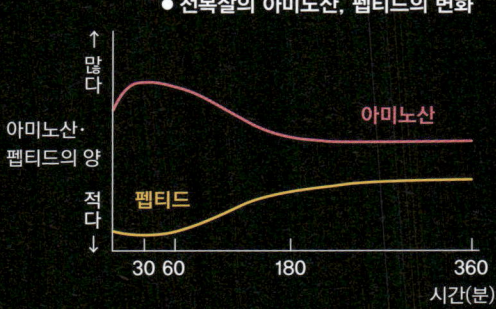

● 전복살의 아미노산, 펩티드의 변화

(위) 끓는 온도로 가열할 때, 전복의 단단함과 콜라겐의 젤라틴화 비율 변화. 가열 시작 후 30분 정도면 급격히 부드러워진다. 이는 콜라겐의 분해가 점점 진행되어 젤라틴화가 일어나기 때문이다. (아래) 끓는 동안 전복의 아미노산과 펩티드의 양. 가열 시작 후 30분까지는 단백질 분해로 아미노산이 증가하지만, 펩티드는 거의 증가하지 않는다. 30분 이후부터는 콜라겐의 젤라틴화가 진행되고 게다가 열로 분해되기 때문에 펩티드가 많아진다. 아미노산이 줄어드는 것은 끓인 국물에 아미노산이 녹기 때문이다.

[둥근전복을 단시간 가열, 장시간 가열할 경우의 감칠맛 차이]

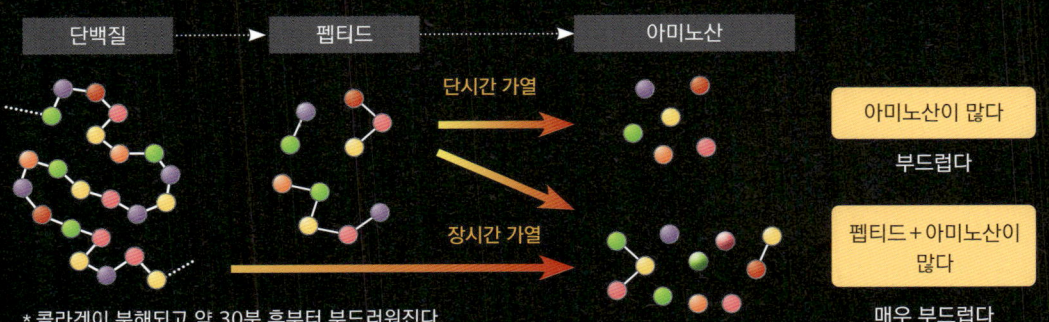

* 콜라겐이 분해되고 약 30분 후부터 부드러워진다.

관자 미즈아라이
Washing Adductor in Round Clam

조개류를 씻을 때 담수가 아닌 소금물을 사용하는 경우가 있다. 소금물은 염분 농도가 3~4%로 바닷물과 거의 비슷하다. 이것을 「다테시오」라 부른다.

조개는 0.8% 정도의 염분을 함유한다. 날생선은 염분이 0.2% 정도이므로 담수로 씻어도 싱겁게 느껴지지 않는다. 그러나 조개는 담수로 씻으면 조개 표면의 염분이 빠지고 물이 스며든다. 소금물로 씻으면 조개맛이 싱거워지는 것을 막을 수 있다.

다테시오는 조개를 씻을 때뿐 아니라 생선 토막에 간을 할 때도 사용한다. 생선살이 탈수로 수축하지 않고, 짠맛이 전체에 고르게 스며든다.

Salt
소금

주성분인 염화나트륨의 화학식은 NaCl로, 나트륨이온 (Na^+)과 염화이온(Cl^-)이 결합하여 결정이 된다. 순도가 높은 소금은 이온 간의 결합력이 어느 방향에서든 동일하게 작용하기 때문에 깔끔한 정육면체 결정이 된다.

하지만 실제로 스시집에서 사용하는 소금은 원료나 제조법의 차이에 따라 다양하다. 스시집마다 취향에 맞게 소금을 선택하여 사용하고 있다. 자세한 내용은 p.122를 참고한다.

순수한 염화나트륨의 결정 구조는 깔끔한 정육면체다.
(사진제공 : 공익재단법인 소금사업센터)

오징어

Squid

흰꼴뚜기, 참갑오징어, 흰오징어, 살오징어, 매오징어 등 일 년 내내 다양한 오징어가 스시 재료로 사용된다. 쇼와 초기까지 오징어라고 하면 삶거나 데친 것뿐이었지만 요즘은 날것도 사용한다.

통틀어 오징어라 부르지만, 계절에 따라 종류가 바뀌기 때문에 사계절의 변화를 느낄 수 있는 스시 재료다.

봄~여름은 오징어의 왕으로 불리는 흰꼴뚜기다. 물속에서 헤엄치는 모습이 물처럼 투명해서 미즈이카(「미즈」는 물)라고도 불린다. 도톰하고 감칠맛이 진하며, 숙성시키면 맛이 더욱 좋아진다.

가을~겨울은 참갑오징어인데, 그보다 앞선 8월에 「신이카」라 불리는 참갑오징어의 새끼가 먼저 등장한다. 스시 한 개에 한 마리를 통으로 얹는, 신이카의 「마루즈케(자르지 않고 통으로 절인 것)」는 반투명하고 동그스름한 특유의 아름다움이 있으며 말로 표현 못 할 만큼 부드럽다. 다만 참갑오징어가 빨리 상하기 때문에 신이카를 먹을 수 있는 기간은 매우 짧다. 손님들이 매년 기대하는 스시 재료다.

오징어는 영양 면에서도 인기인데, 피로회복 등에 좋은 아미노산인 타우린을 풍부하게 함유하고 있다.(p.98 참고)

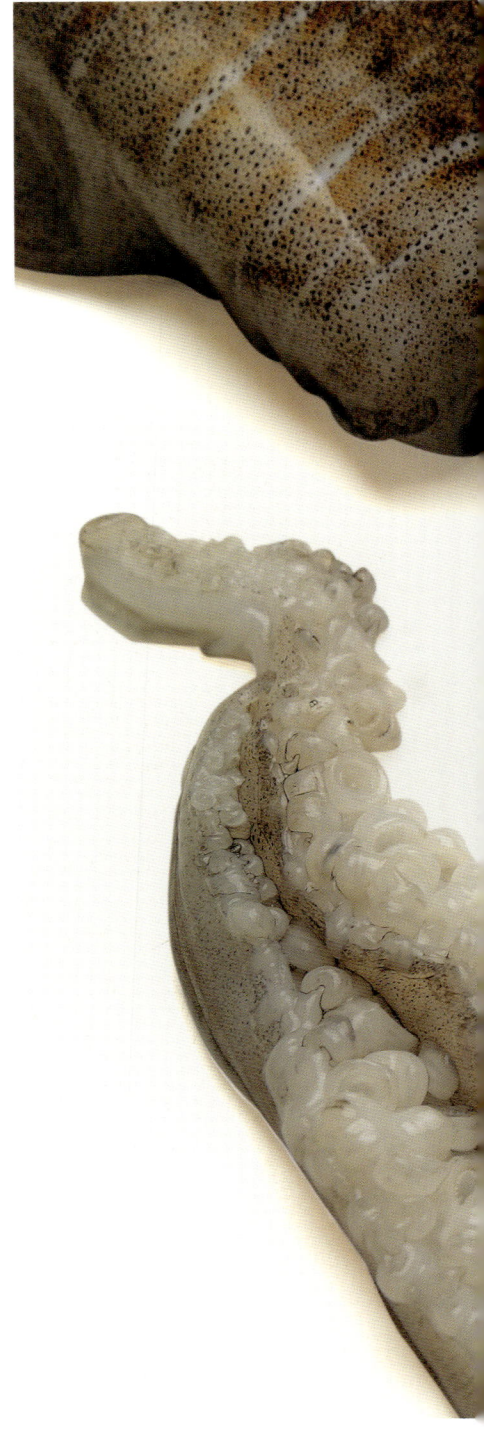

[2] 준비 I _ 생선   The Science of SUSHI Preparing I

참갑오징어 밑손질 Dressing Golden Cuttlefish

오징어 껍질은 4겹의 층으로 되어 있는데, 모든 층이 콜라겐으로 이루어져 있다. 특히 살과 접해 있는 제일 안쪽 껍질(4번째 층)은 콜라겐 섬유가 몸에 단단히 뿌리내린 것처럼 감겨 있다. 스시집에서는 별로 사용하지 않는 방법이지만, 오징어 껍질이 잘 벗겨지지 않는 경우 뜨거운 물에 1~2초 담그면 콜라겐이 열로 수축하기 때문에 껍질이 쉽게 벗겨진다.

오징어의 매력은 도톰한 살과 찰진 식감, 그리고 진한 단맛에 있다. 오징어살에 상처가 나지 않도록 등딱지 같은 뼈를 조심스럽게 떼어내고, 빠르게 분리한다. 먹물주머니를 제거할 때는 터지지 않게 주의한다.

Golden Cuttlefish
참갑오징어

스시집에서 오징어라 하면 참갑오징어를 말하고, 참오징어라고도 한다. 새끼일 때도 「신이카」, 「고이카」라는 이름으로 내놓는다. 갑(석회질 뼈)이 있어 「갑오징어」라고 하는데, 일본에서는 참갑오징어, 흰꼴뚜기, 화살꼴뚜기 모두 「오징어」라 부르지만, 영어권에서는 몸이 짧고 갑이 단단한 것을 「cuttlefish」, 몸이 길고 갑이 부드러운 것을 「squid」라 부르며 흰꼴뚜기와 살오징어가 여기에 속한다.

Science Point

오징어 단맛의 정체는 아미노산

오징어의 맛은 종류에 따라 다양하다. 오징어 특유의 단맛은 글리신, 알라닌처럼 단맛과 감칠맛을 가진 아미노산이 많기 때문이다. 또한 생선의 경우 이노신산이 감칠맛 성분으로 알려져 있지만, 오징어의 경우 이노신산으로 분해되기 직전에 생기는 AMP라는 감칠맛 관련 성분이 많다. 이 점이 생선과 오징어의 감칠맛 차이가 된다.

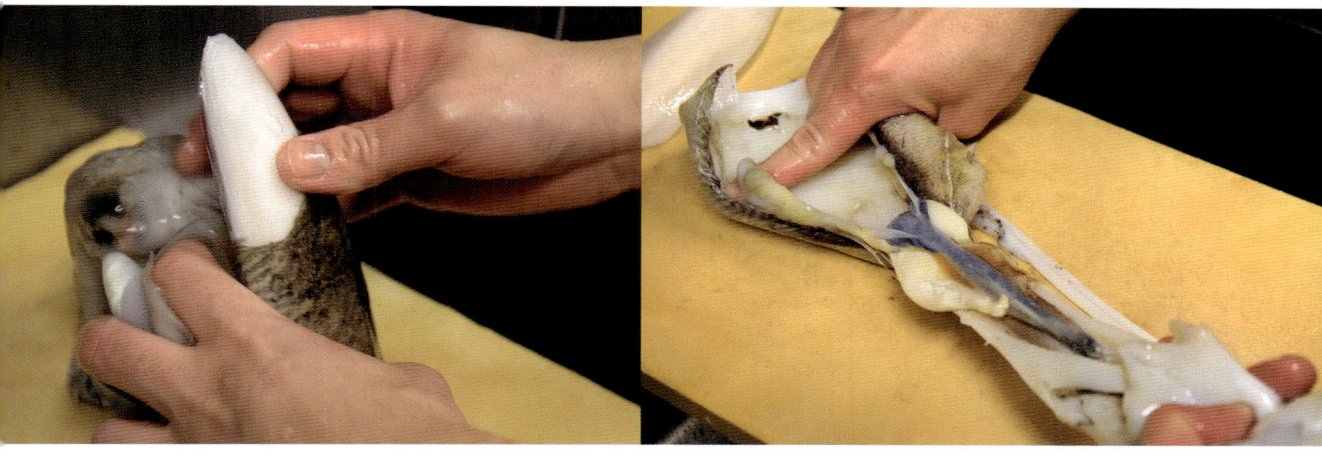

1 갑이 들어있는 몸통의 중심에 머리끝에서 눈쪽까지 칼집을 낸다. 갑을 밀어서 빼낸다.

2 갑을 둘러싼 표피와 몸통을 조심스럽게 당겨서 분리하고, 다리도 분리한다.

3 가장자리의 적당한 부분을 잡고, 얇은 껍질을 아래로 당겨서 벗긴다. 몸통 바깥쪽을 덮은 표피는 지느러미와 함께 끝부분을 잡고, 표피 아래 얇은 껍질과 함께 당겨서 벗긴다. 먹물주머니가 터지지 않게 떼어내고, 내장을 제거한다.

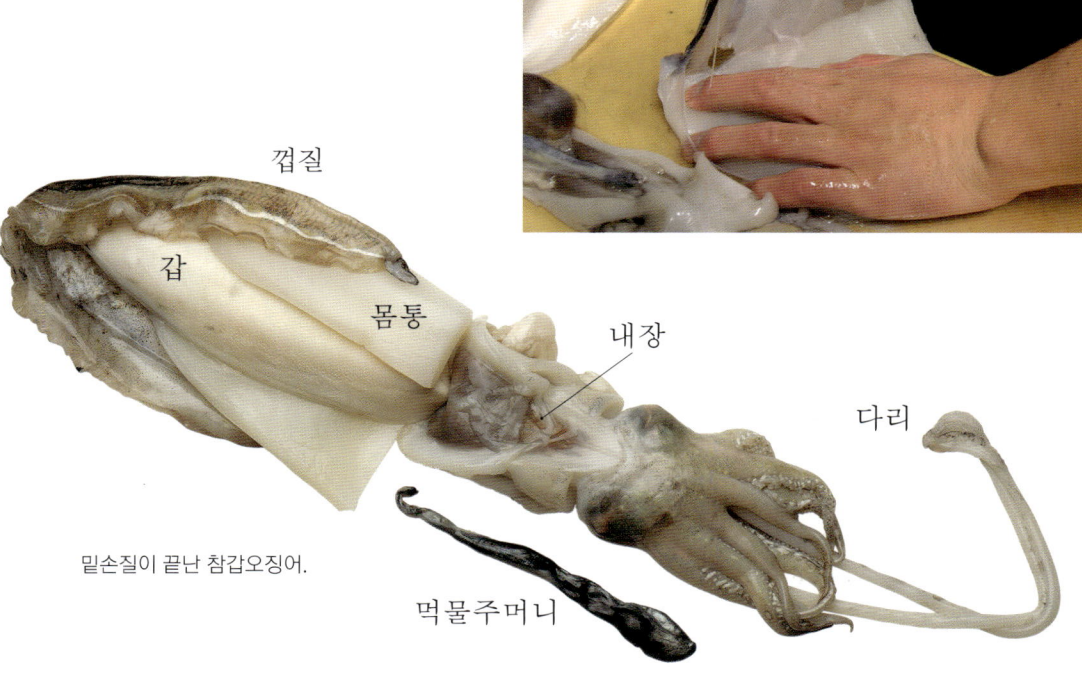

껍질
갑
몸통
내장
다리
먹물주머니

밑손질이 끝난 참갑오징어.

[2] 준비 I _ 생선   The Science of SUSHI Preparing I

문어

Octopus

일본에서 먹을 수 있는 문어에는 다양한 종류가 있으며,
스시 재료로는 참문어, 대문어, 주꾸미가 주로 사용된다.
참문어는 가을~겨울, 대문어는 가을~봄,
주꾸미는 겨울~봄이 제철이다.
주물러 씻는 방법과 가열방법에 따라 단단함이나 맛에
개성이 생기기 때문에, 스시집마다 연구를 거듭하고 있다.

스시집에서 문어라고 하면 대부분 참문어를 말한다. 신선한 문어는 회백색 반점이 있고, 빨판에 탄력이 있어서 닿으면 달라붙는 힘이 강하다. 이렇지 않다면, 신선도가 좋지 않다는 의미다. 신선도가 떨어지는 문어는 조렸을 때 껍질이 잘 벗겨지므로 바로 알 수 있다.

문어는 타우린이라는 아미노산이 풍부하다. 타우린은 간기능 향상, 항염증작용, 동맥경화 예방 등 다양한 건강효과를 기대할 수 있다.

문어는 밑손질을 잘못하면 씹히지 않을 정도로 단단해지는 경우가 있다. 미리 잘 주무르거나 두드리거나 하여, 문어의 근육조직을 끊거나 근섬유들을 풀어준 다음 익히면 부드럽게 완성된다.

문어를 조린다

일반적인 방법인 「사쿠라니」는 간장, 설탕, 술로 조리는 방법이다. 호지차의 찻잎을 술과 물로 우려내어 조림국물로 사용하는 곳도 있다.

「스시 다카하시」에서는 문어를 조릴 때 「맛술1 : 간장1 : 설탕2~3 : 정종3 : 물3」 비율의 조림국물을 냄비에 넣어 끓인 후, 소금으로 문지르고 물로 씻은 문어 다리를 넣는다. 그 다음 불을 끄고, 알루미늄포일 2장을 씌워서 냄비째 찜통에 옮긴다. 찜통을 가장 약한 불로 60분 가열한다. 이렇게 하면 단백질이 부드러워지며, 문어 껍질도 벗겨지지 않고 깔끔하게 익는다. 조린 다음 상온에 그대로 두고, 그날 안에 모두 사용하도록 한다.

오징어와 문어의 근육 — Muscles of a Squid and an Octopus

스시 재료로 사용하는 어패류는 등뼈가 있는 척추동물과 등뼈가 없는 무척추동물로 크게 나눌 수 있다. 척추동물에는 도미, 농어, 참치 등의 어류가 있고, 무척추동물에는 문어, 오징어, 바지락 등의 연체동물이나 새우, 게 등의 절지동물이 있다. 척추동물은 몸 안쪽에 골격(내골격)이 있어서 많은 뼈들이 연결되어 몸을 지탱한다. 이 뼈는 근육과 연결되고, 이 근육이 뼈를 움직인다.

반면 무척추동물은 몸 바깥쪽에 골격(외골격)이 있으며, 외골격 안쪽에 있는 근육이 뼈를 움직인다. 따라서 자유롭게 움직일 수 있는 근육 구조를 가진다.

생선살에서 맛볼 수 없는 오징어나 문어의 독특한 식감은, 이와 같은 골격과 근육 구조의 차이가 큰 영향을 준다.

오징어의 결 방향

근섬유 방향

안쪽 껍질

살

콜라겐

바깥쪽 껍질 4겹

오징어

- 오징어살의 근섬유는 오징어 몸 방향에 수직인 방향으로 발달하여, 동그란 형태가 평행하게 늘어선 모습을 보인다.
- 바깥쪽 껍질 2겹은 쉽게 벗겨지지만, 안쪽 껍질 2겹은 몸에 밀착되어 있어서 잘 벗겨지지 않는다.
- 바깥쪽 1번째 층과 그 아래 2번째 층 사이에는 색소세포가 있어서, 바깥쪽 껍질 2겹을 벗기고 가열하면 살이 하얗게 변한다.
- 오징어의 수분은 80% 내외로, 다른 어류보다 10% 정도 많다. 그만큼 가열을 하게 되면 물이 더 빠져나와서 살이 단단해진다.

오징어를 부드럽게 조리는 방법

오징어 바깥쪽 껍질의 콜라겐은 가열했을 때 55℃ 근처를 넘으면 수축한다. 오징어살을 부드럽게 만들려면 「살 내부온도를 66℃ 근처까지 가열한 다음 멈추는」 단시간 가열, 혹은 「80℃가 넘는 고온에서 10분 이상 가열하여 몸의 조직을 파괴하는 동시에 콜라겐을 젤라틴화시키는」 장시간 가열이 적합하다.

문어

- 근섬유에는 정해진 방향성이 없고, 여러 방향으로 뻗은 근육이 복잡하게 얽혀있다.
- 날것을 일단 얼려서, 냉동의 효과로 몸의 세포나 조직 구조를 파괴시켜 부드럽게 만드는 방법도 있다.

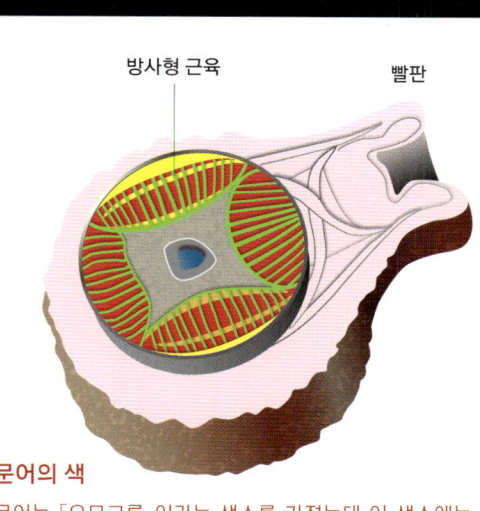

방사형 근육 / 빨판

문어의 색

문어는 「오모크롬」이라는 색소를 가졌는데 이 색소에는 빨간색, 노란색, 갈색, 검정색 등 여러 색이 있다. 오모크롬은 색소포라는 세포 속에 채워져 있다. 근육이 늘어나거나 줄어들면 색소포도 늘어나거나 줄어들기 때문에 색이 달라진다. 문어가 주변 환경에 따라 색을 빠르게 바꿀 수 있는 이유다. 문어를 삶았을 때 붉어지는 것은, 근육의 단백질이 열에 의해 변성하고 색소포의 형태가 바뀌기 때문이다.

문어를 소금으로 주무르면 점액질이 제거된다. 문어 표면의 점액질은 뮤신이라는 당단백질이 주성분으로, 소금에 의해 당단백질이 굳으면 점액질을 쉽게 제거할 수 있다. 오징어와 마찬가지로, 문어살의 근육은 가열하면 콜라겐이 심하게 수축되어 살이 단단해지는 성질이 있다. 힘주어 주무르면 근육 조직이 파괴되거나 풀리기 때문에, 열을 가해도 잘 수축되지 않는다. 몸 내부온도가 콜라겐이 수축하는 온도가 되지 않게 고온에서 살짝 가열하는 단시간 가열, 또는 콜라겐이 젤라틴화하도록 고온에서 오랜 시간 끓이는 장시간 가열을 하면 조릴 때 부드럽게 완성된다. 어느 정도로 단단하게 완성할지는 원하는 정도에 맞게 가열방법을 선택한다.

새우

Shrimp

에도시대 전부터 등장한 스시로, 본래는 데친 새우로
스시를 만들었지만 최근에는 생새우로 만든 것도 인기가 많다.
화려한 색과 단맛, 코를 자극하는 풍부한 향이 큰 인기를 끌고 있다.

일본에는 많은 종류의 새우가 있는데, 스시 재료로 사용하는 새우는 주로 보리새우, 모란새우, 단새우다. 흰새우, 얼룩새우 등으로도 스시를 만들지만, 누가 뭐라 해도 최고는 보리새우다. 데쳤을 때 붉은색과 흰색의 대비가 아름답고, 단맛 나는 농후한 감칠맛이 매력적이다. 이 「강한 단맛」은 여러 아미노산 중에서도 글리신을 많이 포함한 덕분이다. 단, 새우를 너무 데치면 이 단맛이 데친 국물로 빠져나온다. 유비키(뜨거운 물에 살짝 데치기) 정도로 끓는 물에 살짝 데쳐서 반 정도 익히면, 맛 성분이 몸에서 빠져나오지 않고 적당한 부드러움과 탄력을 유지한다. 보리새우는 성장하면서 이름이 달라지는데, 작은 보리새우를 사이마키에비(사이마키)라 부른다.

Science Point

가열하면 붉어지는 이유

새우는 모란새우나 단새우처럼 붉은색인 것과, 중하나 보리새우처럼 거무스름한 것이 있다. 이러한 색의 차이는 서식하는 곳의 수심에서 나온다. 수심이 얕은 곳에 사는 새우는 거무스름하고, 깊은 곳에 사는 새우는 붉은색을 띤다.

이 붉은색은 아스타잔틴이라는 물질이다. 아스타잔틴은 당근이나 토마토 등이 노란색, 빨간색, 오렌지색을 띠게 하는 카로티노이드 계열의 천연색소다.

거무스름한 새우에도 아스타잔틴은 들어있다. 날것인 경우 아스타잔틴이 단백질과 연결되어 붉은색이 아닌 거무스름한 청남색을 띤다. 하지만 가열하면 단백질이 열에 의해 변성하고, 아스타잔틴이 분리되어 본래의 붉은색이 나타난다.

[껍질의 색]

보리새우
수심 100m
정도에서 서식

단새우, 모란새우
수심 300~500m
정도에서 서식

Prawn
보리새우

기본적으로 살아있는 보리새우가 거래된다. 날것으로도, 데친 것으로도 스시를 만든다. 양식이 많으나 자연산도 적지 않고, 데쳤을 때 선명한 줄무늬가 돋보인다.

Sweet Shrimp
단새우

달고 쫀득한 식감으로 인기가 많다. 단맛을 주는 글리신의 양이 다른 새우보다 적은데도 달게 느껴진다. 이는 단백질이 녹아 끈기가 생기기 때문이다. 끈기가 있으면 혀 위에서 단맛이 지속적으로 느껴진다. 가열하면 단백질이 열로 굳어 끈기가 사라지므로, 단맛도 잘 느껴지지 않는다. 단새우는 날것으로 먹어야 제맛이다.

Spot Prawn
모란새우

이름처럼 모란과 같은 화려함을 지닌 새우로, 끈적한 식감과 고급스러운 단맛이 있다. 날것으로 만들 수 있는 고급 스시 재료 중 하나다.

갯가재

Mantis Shrimp

갯가재는 에도마에즈시를 대표하는 재료 중 하나다. 날것으로도 유통되지만, 산지에서 바로 소금에 데쳐 껍질을 벗긴 다음 스시집에 보내지는 것이 대부분이다. 이것을 「즈케코미」라는 옛날부터 전해오는 방법으로 조림국물의 맛을 갯가재에 배게 하고, 스시용 밥에 얹는다. 제철은 봄과 가을 2번이며, 특히 봄철 갯가재는 「가츠부시」라는 알을 배고 있어 귀하게 여겨진다.

새우와 매우 비슷하지만 서로 다르다. 신선도가 좋지 않으면 껍질이 잘 벗겨지지 않으며, 벗기는 데 기술이 필요하기 때문에 일본 산지에서는 대부분 가공된 「갯가재살」로 유통된다. 날것을 구입했다면 단단한 껍질을 가위로 잘라서 벗긴다.
갯가재 중 최고로 꼽히는 것은 「고시바」이다. 가나가와현 고시바에서 잡히는 갯가재는 데치는 방법도 정평이 나 있어, 「고시바 갯가재」라 불리며 절대적인 인기를 자랑한다.
스시를 만든 다음 니츠메(p.131)를 바른다.

갯가재

조금 징그러운 모습이다. 옅은 회색빛을 띠지만, 데치면 보라색으로 변한다. 지역에 따라 「가사에비」라고도 부른다.

1
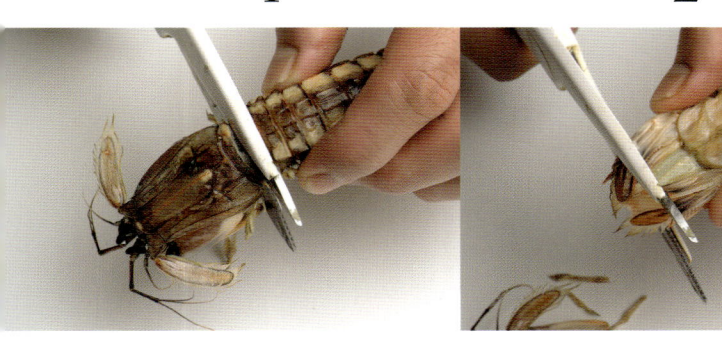

2

3

1 가위로 머리를 잘라낸다.
2 뒤집어서 꼬리 끝부분을 자른다.
3 사진처럼 좌우를 자른다.
4 배쪽의 얇은 껍질을 벗긴다.
5 등쪽 껍질을 벗긴다.

[2] 준비Ⅰ _ 생선   The Science of SUSHI Preparing Ⅰ

붕장어

Conger Eel

조려서 사용하는 대표적인 스시 재료다.
신선할 때 재빨리 손질하고 바로 조려서 만든,
폭신하게 익은 풍부한 풍미의 붕장어 스시는
그 자리에서 바로 먹는 것은 물론, 시간이 지나도
단단해지지 않아 도시락으로도 제격이다.

붕장어

장어와 붕장어는 매우 닮았지만 뱀장어과와 붕장어과로 생물학에서 다르게 분류되며 생태, 모양은 물론 맛도 다르다. 붕장어는 평생을 바다에서 보내는 해수어지만, 장어는 산란 후 강이나 호수 근처로 되돌아오는 회유어다.

지방이 올라 도톰해졌을 때 간장과 설탕을 섞은 조림 국물로 조린 붕장어는, 폭신하고 부드러우며 녹는 듯한 식감이 매력적이다. 특히 도쿄만의 하네다 앞바다를 중심으로 잡은 붕장어는 「에도마에 붕장어」라 불리며, 7월 중순~9월 초순에 최고의 품질을 자랑한다. 붕장어를 찌른 후 사후경직이 시작되기 전에 펼치고, 조림국물을 가득 담아서 조린다.(p.110 참고) 붕장어는 찌른 후 바로 조려야 맛있다고 생각하는 스시 장인이 적지 않다. 많은 가게들이 바로 눈앞에서 찌른 붕장어를 전문점에서 구입하는데, 돌아오자마자 일단 붕장어부터 손질한다는 장인도 있을 정도다.

붕장어는 일 년 내내 먹을 수 있고, 손님도 항상 찾는 스시 재료다. 제철 붕장어나 고급 붕장어는 지방이 많아 폭신하며 부드럽게 조려지지만, 계절이나 산지에 따라 지방과 살의 탄력이 다르다.

「스시 다카하시」에서는 초봄에 지방이 적고 부드러운 붕장어인 경우, 스시로 만들기 직전에 다시 조려서 따뜻하고 폭신한 상태에서 쥔다. 반면 가을~겨울의 지방이 많은 붕장어는 만들기 직전에 구워 고소함을 더한 스시를 만든다. 조림국물은 니츠메를 만들 때도 사용한다. 펼치기에서 조리기, 그리고 니츠메 만들기까지 붕장어는 항상 심혈을 기울여야 하는 스시 재료이다.

펼 치 기

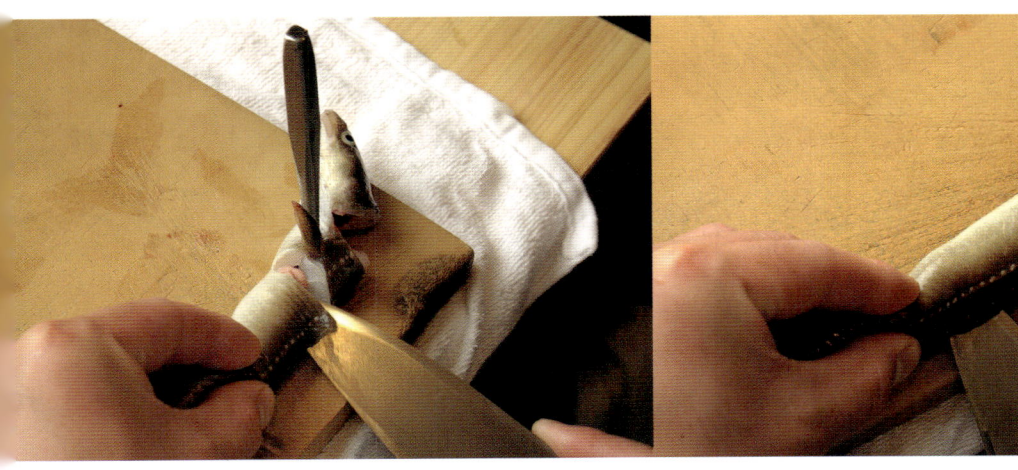

1. 붕장어의 등이 앞쪽에 오게 놓고*, 눈과 아가미 사이 근처를 송곳으로 고정한다. 아가미 옆에 칼날이 머리쪽을 향하게, 약간 비스듬히 칼을 넣는다. 칼을 넣은 곳에서 그대로 몸을 따라 꼬리쪽으로 자른다.

    * 「등펼치기」는 간토 방식이며, 간사이에서는 반대로 「배펼치기」를 한다.

2. 가운데뼈를 따라 잘라나간다. 칼 각도에 따라서 중간에 뼈가 잘려 버리므로 각도에 주의한다.

3 한가운데쯤 오면, 칼에 왼손 엄지를 대고 밀어서 자른다. 항문 근처까지 오면 단번에 칼을 뺀다.

4 꼬리까지 자르면 칼을 머리쪽에 다시 넣고, 칼끝으로 가볍게 펼친다. 가운데뼈를 따라 칼끝으로 칼집을 넣고, 몸을 훑듯이 완전히 편다.

5 내장과 살이 붙어 있는 부분을 칼로 잘라내고, 손으로 당겨서 떼어낸다. 머리쪽에 있는 가운데뼈 끝부분을 잘라낸다.

6 가운데뼈 아래에 칼을 눕혀서 넣고, 가운데뼈만 도려낸다.

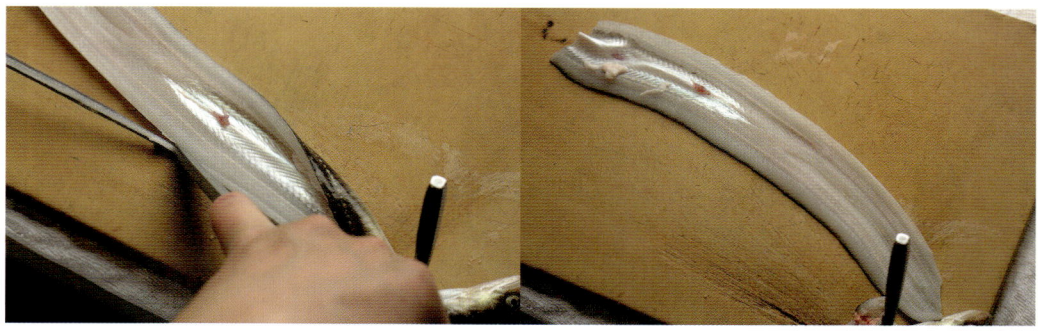

7 등지느러미를 잘라낸다.

8 지아이(혈합근, 검붉은 살)와 표면의 점액질을 긁어내고, 머리를 제거한다. 물로 훑듯이 씻어서 점액질을 제거한다. 물로 씻은 다음 껍질쪽이 위를 향하게 놓고 물기를 닦아낸다.

조리는 방법

냄비에 물 18ℓ를 담고 맛술 180g, 간장 180g, 설탕 500g을 넣은 후 붕장어를 넣는다. 불에 올리고, 끓으면 불순물을 제거한다. 속뚜껑을 덮고 약불로 25~30분 뭉근히 조린 다음 그대로 둔다. 채반에 올려 물기를 뺀다.

붕장어의 색

대부분 장어류는 연안에서 만 안쪽, 수심 100m보다도 얕은 곳에 살며, 낮에는 바위 등의 그늘에 숨거나 모래, 진흙 속에 몸을 숨기고 지낸다. 밤이 되면 활동을 시작하고 먹이를 찾아서 기듯이 헤엄쳐 다닌다. 장어는 피부에 비늘이 묻혀있어 보이지 않지만, 붕장어는 비늘 자체가 없어 표면이 매끈매끈하다. 얕은 곳에 사는 많은 생선이 그렇듯, 눈에 띄지 않도록 몸색깔이 어둡다. 「어두운 색」이라고 통틀어 말하지만 사는 환경에 따라 거무스름한 색, 갈색 등 여러 종류가 있으며, 스시 재료로 사용되는 붕장어는 이 여러 색깔의 몸에 흰 점이 줄지어 난 것이 특징이다. 이 흰 점은 측선이라 하며 어류가 물속에서 물의 압력이나 흐름의 변화를 감지하기 위한 기관의 구멍으로, 이 구멍이 커서 흰 반점처럼 보인다.

사는 환경에 따라 몸 표면의 색도 가지각색이다.

조리기 Boil and Marinate

스시집에서 말하는 「조리기」, 「조림」이란 말 그대로 조림국물에 익히는 것을 의미한다. 니츠메가 빠지지 않는 재료였지만, 최근에는 「소금」으로 조리는 가게도 많이 볼 수 있다. 붕장어 외에도 문어, 갯가재, 백합, 전복 등이 조려서 사용하는 대표적인 스시 재료다. 오징어나 가리비도 조리기는 하지만, 최근에는 날것으로 만드는 경우가 더 많다.

조림국물은 주로 맛술, 간장, 설탕으로 만든다. 재료에 어울리는 배합, 조리는 시간이나 타이밍에 따라 가게만의 고유한 맛이 탄생한다.

붕장어 조리기

붕장어는 조리기 전에 점액질을 제거한다. 물과 소금을 사용하면 몸이 단단해지므로 볼에 붕장어만 담아서 주무르고, 미끈한 것이 살짝 거품 상태가 되면 물로 가볍게 씻어낸다.

붕장어를 조리는 방법은 센불로 살짝 조리는 「사와니」 방법과, 약불로 뭉근히 15~20분 조린 후 조림국물에 절이는 「즈케코미」 방법이 있다.

「사와니」는 15~20㎝의 「메소아나고」라 불리는 작은 붕장어에 주로 사용한다. 물로 점액질을 제거하고, 조미액을 넣은 냄비를 끓인다. 이어 붕장어를 넣고 뒤집어가면서 익힌 후, 채반에 올려 식힌다. 하얗게 완성된다.

「즈케코미」는 이보다 큰 40~50㎝의 붕장어에 사용한다. 끓는 조림국물에 넣고, 약불로 25~30분 정도 조린 후 조림국물이 식을 때까지 그대로 두어 간이 배게 한다.

백합 조리기

정종 2 : 맛술 1 : 물 3 : 설탕 1.5 : 간장 1의 비율로 냄비에 넣고, 차가운 상태 그대로 백합을 넣는다. 불에 올리고 60℃ 정도를 유지하여 단단해지지 않게 익힌다.

Science Point

조미료의 침투와 붕장어의 부드러움

어패류의 살은 세포가 모여있기 때문에, 조미료의 침투는 세포가 열로 파괴된 후에 시작된다. 익히지 않은 상태에서는 세포막이 작용하므로 조미료가 침투하지 못한다. 붕장어의 부드러운 식감은, 붕장어의 콜라겐이 열로 수축하는 온도보다 더 낮은 온도에서 가열해야 생긴다. 고기의 경우 콜라겐 수축이 65℃에서 일어나지만, 생선은 더 낮다고 알려져 있다. 「스시 다카하시」에서는 조림국물을 끓이고 붕장어를 넣어서, 표면에 열을 단시간 가한 후 그대로 채반에 올려 식힌다. 조리고 난 직후의 표면온도는 ˚00℃에 가깝지만 식는 동안 표면에서 내부로 열이 전달된다. 내부 중심온도가 콜라겐 수축 온도를 넘지 않기 때문에 부드럽게 완성된다.

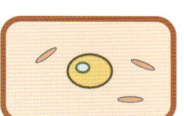

가열 전

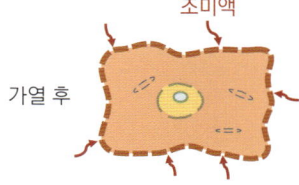

조미액

가열 후

성게

Sea Urchin

새까만 김 위에서 황금빛으로 빛나는 성게 군함말이는
인기 많은 스시 재료 중 하나다.
끈적한 식감과 함께 입안에 퍼지는 단맛,
풍부한 바다내음은 성게의 품질에 비례한다.

성게는 비교적 새로운 스시 재료로, 제철은 4~8월이다. 성게는 전국 대부분 연안에 서식하며 종류도 매우 많다. 스시 재료로 사용하는 것은 「보라성게」, 「말똥성게」, 「북쪽말똥성게」, 「분홍성게」 등이다. 산지에서 얇은 나무상자에 가지런히 담아서 운반해오면 그대로 사용한다. 시장에서는 성게살의 색에 따라 말똥성게를 「아카(빨강)」, 북쪽말똥성게를 「시로(하양)」라고 부른다.

성게

껍데기를 벗겨서 팔고 있는 것은 생식소(고환, 난소)로, 껍데기 안쪽에 5개가 들어가 있다. 다시마 등의 해초를 먹는데, 종류뿐 아니라 사는 장소에 따라서도 해초가 달라지기 때문에 성게의 맛, 향, 색 등도 달라진다.

아래가 말똥성게. 말똥과 비슷해서 붙은 이름이다.
날카로운 가시가 있는 검은 성게가 보라성게다.
(사진제공 : 유한회사 P.W. FREAK / imagenavi)

보라성게

[3]

준비 Ⅱ
스시용 밥과 다른 재료들

Preparing Ⅱ

Rice

「스시는 스시용 밥이 60%, 스시 재료는 40%」라고
많은 장인들이 입을 모아 이야기한다.
최고의 스시 재료를 사용해도 스시용 밥이 좋지 않으면
맛있는 스시가 완성되지 않는다는 의미다. 쥐었을 때 부서지지 않고,
입에 넣었을 때 가볍게 흩어지는 듯한 스시용 밥이 이상적이다.

당연한 얘기지만 스시용 밥에 생선살을 올려야 완성되는 것이 스시이기 때문에, 스시용 밥의 맛과 식감 또한 스시맛을 크게 좌우한다. 스시 재료와 궁합이 좋은 쌀을 선택하여 밥을 짓고, 식초와 소금, 경우에 따라서는 설탕도 더해서 맛을 낸다.
단, 스시용 밥이 너무 맛이 강하면 생선맛을 느끼기 어렵다. 스시용 밥과 스시 재료는 혼연일체가 되어야 한다. 스시용 밥만, 또는 스시 재료만 내놓을 수 없으며 둘이 합쳐진 「스시」여야 비로소 표현되는 맛을 목표로 스시용 밥을 준비한다.
물론 스시용 밥은 맛뿐 아니라 식감도 중요하다. 너무 단단하지 않고 너무 부드럽지 않으며, 씹었을 때 스시 재료와 잘 어우러져야 한다. 그러면 밥이 완성되었을 때 쌀의 상태와, 그 쌀에 배합초를 어떻게 흡수시킬지 고려하는 일도 중요하다. 예전에는 「샤리야」라고 불리는 밥 전문 장인이 있었다. 그만큼 안정적으로 맛있는 밥을 짓기란 어려운 작업으로, 스시에서 스시용 밥이 얼마나 중요한지 잘 알 수 있다.

쌀에 관한 지식 Knowledge of Rice

 ## 쌀의 종류

쌀에는 「멥쌀」과 「찹쌀」 2종류가 있으며, 평소에 밥으로 먹는 것은 「멥쌀」이다. 일본에 등록된 쌀 900품종* 중 밥으로 많이 사용하는 쌀은 290품종 정도다. 재배면적으로 보면 35% 정도가 「고시히카리」이며 그 다음 순서로 「히토메보레」, 「히노히카리」, 「아키타코마치」, 「나나츠보시」, 「하에누키」, 「기누히카리」, 「맛시구라」, 「아사히노유메」, 「유메피리카」가 있고, 총 290종 정도가 있으므로 장인들은 자신이 만들고 싶은 스시용 쌀을 찾아 여러 품종을 블렌딩해서 사용하기도 한다. 스시용 밥으로는 「고시히카리」, 「히토메보레」, 「아키타코마치」, 「실키펄」, 「밀키퀸」이 잘 알려져 있다. 각각 아밀로펙틴과 아밀로오스(p.118 참고)의 양, 함유하고 있는 단백질의 양이 다르며, 찰기와 단단함이 각각의 특징을 만든다.
「고시히카리」, 「히토메보레」, 「아키타코마치」는 아밀로오스 함량이 17~18% 내외지만, 「밀키퀸」이나 「실키펄」은 4~11% 내외로 저아밀로오스 쌀이라 불린다. 저아밀로오스 쌀은 아밀로오스 함량이 낮은 만큼 아밀로펙틴이 많기 때문에 찰기가 강하다.
고시히카리는 그중에서도 「식어도 맛있다」는 이유로 인기가 많다.

스시용 밥에 어울리는 쌀
- 작은 알갱이로 둥글고 알이 고르다.
- 색이 하얗고 투명감과 윤기가 있다.
- 무게감이 있다.
- 알맞게 건조되어 있다.

> 아밀로오스 함량(%) = 쌀 전분에서 아밀로오스가 차지하는 비율

 ## 햅쌀과 묵은쌀

「햅쌀」의 정의에는 2가지가 있다. 하나는 수확한 해의 11월 1일부터 다음해 10월 31일까지의 쌀(수확 연도에 근거한 미곡 연도 기준), 다른 하나는 수확한 해의 12월 31일까지 정백되어 봉지에 담긴 쌀(식품표시법 기준)이다.
「스시에 적합한 것은 햅쌀보다 묵은쌀」이라는 이야기를 자주 듣는다. 묵은쌀은 밥을 지었을 때 보송보송한 반면, 햅쌀은 찰기가 생기기 때문에 스시 특유의 식감을 내기 어렵다는 점이 그 이유다.

여기서 말하는 묵은쌀은 몇 년 지난 오래된 쌀이 아니라, 대부분 전년도 쌀을 말한다.
묵은쌀만 사용하는 가게도 있고 햅쌀과 묵은쌀을 블렌딩해서 사용하는 가게도 있다. 밥 짓는 방법이나 식초를 배합하는 방법 등 다양한 방법을 모색하여, 장인들은 이상적인 스시용 밥을 완성한다.
묵은쌀은 햅쌀보다도 단단하고, 수분 흡수율은 햅쌀보다 2~3% 낮다.

* 미곡안정공급확보지원기구 「2018년산 논벼 품종별 작부동향」

아밀로오스와 아밀로펙틴

정백미에는 약 78%의 탄수화물(당질과 식이섬유를 합한 총칭)이 포함되어 있으며, 대부분 전분이다. 전분은 포도당이 염주알처럼 연결된 형태로, 연결방식에 따라 「아밀로오스」와 「아밀로펙틴」 2가지로 나뉜다.

포도당이 직선으로 연결된 전분을 「아밀로오스」, 군데군데 가지가 나온 형태를 「아밀로펙틴」이라 한다. 아밀로펙틴의 가지 부분이 물속에서 얽히기 때문에 강한 찰기가 생기는 점이 특징이다.

전체 전분에 대한 아밀로오스의 비율을 「아밀로오스 함량」이라고 한다. 밥을 지었을 때 쌀의 찰기나 쫄깃함은 아밀로오스 함량과 크게 연관된다. 아밀로오스 함량이 17~27% 정도로 높은, 인디카종이라 불리는 쌀은 그만큼 아밀로펙틴이 적기 때문에 찰기가 거의 없는 보슬보슬한 밥이 된다. 아밀로오스 함량이 16~18% 정도로 중간쯤인 쌀(자포니카종)은 적당한 찰기를 가진다. 아밀로오스 함량 0%로 전분 전체가 아밀로펙틴으로만 이루어진 쌀은 「찹쌀」로 매우 강한 찰기를 가진다.

최근에는 아밀로오스 함량을 4~11%로 상당히 낮춘, 「저아밀로오스 쌀」이라 불리는 쌀도 많이 유통되고 있다.

아밀로오스

아밀로펙틴

호화(α化)

전분에 일어나는 대표적인 변화가 「호화」이다. 찬물이나 상온의 물과 섞었을 때 녹지 않는 전분도, 불에 올려 데우다 보면 녹은 것처럼 투명감과 찰기가 생기면서 말 그대로 풀처럼 변한다. 이것이 호화다. 호화하기 전의 전분을 β전분, 호화된 전분을 α전분이라고 하므로 α화라고도 부른다.

쌀 전분은 포도당이 직선으로 연결된 아밀로오스와 가지가 있는 아밀로펙틴의 집합으로, 그 집합체의 일부는 물분자도 들어갈 수 없게 치밀한 구조로 되어 있다. 하지만 60~65℃ 정도로 데우면 이 구조가 느슨해져서, 그 틈으로 물분자가 들어간다. 찰기가 생기는 것은 이런 원리다.

호화된 전분을 그대로 식히면 점차 찰기를 잃어간다. 이것이 전분의 노화로, β화라고도 불린다.

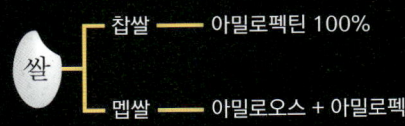

 ## 스시용 밥과 식초

갓 지은 밥에 배합초를 섞는 것은 밥알 내부에 식초가 잘 들어가도록 하기 위해서다. 갓 지은 밥은 온도가 높기 때문에(「스시 다카하시」의 측정온도는 98℃), 밥알 내부의 수분 중 일부는 수증기가 되어 밥알의 부피가 커진다. 반대로 온도가 낮아지면 밥알 내부의 수증기가 물로 변해서 밥알의 부피가 줄고, 밥알이 수축한다. 이 과정에서 식초가 밥알 내부로 빨려가듯이 스며든다. 배합초가 밥알 속까지 스며드는 속도는 온도가 높을수록 빠르기 때문에, 갓 지은 밥에 배합초를 섞으면 밥 내부로 빠르게 침투한다.

실제로 밥 온도 80℃, 50℃, 20℃에서 배합초를 넣었을 때 조미료의 침투력을 조사한 연구에 의하면, 온도가 높은 밥에서 식초가 내부까지 들어간다는 결과를 얻었다.

 ## 사용하는 밥의 상태

밥을 완성하면 솥 안의 상부, 중부, 하부의 밥알 모양이 고르지 않은 현상이 발생한다. 「스시 다카하시」의 밥 짓는 방법에 따르면(p.124 참고) 상부의 밥알은 건조한 편이며, 하부의 밥알은 위의 밥 무게에 눌려 납작하고, 냄비 바닥의 밥알은 센불로 단번에 익어서 눌어붙게 된다. 솥 안에서 밥알 모양을 확실하게 유지하고, 고슬고슬하게 완성되는 것은 중부의 밥알뿐이다. 따라서 「스시 다카하시」에서는 「누룽지」를 제거함과 동시에, 밑부분에 눌린 밥알이나 윗부분의 건조한 밥은 사용하지 않는다. 밥알의 크기와 모양, 표면의 정도가

- 건조하다
- 스시용 밥에는 가운데 부분을 사용한다
- 밥알이 무게로 눌린다
- 눌어붙는다

고르지 않으면 겉모습은 물론, 배합초의 침투방식이나 먹었을 때의 식감도 다르다.

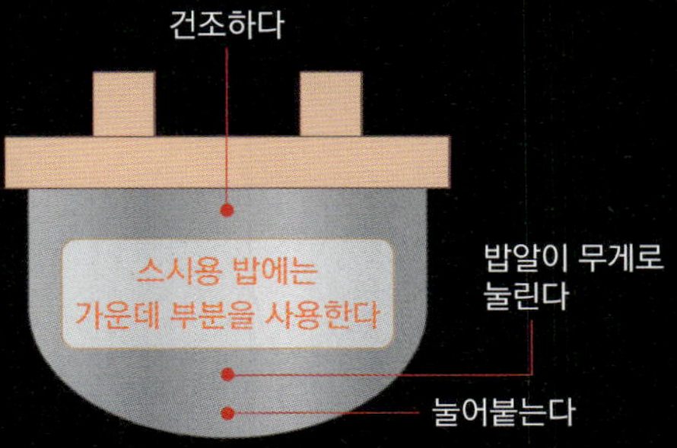

식초
Vinegar

니기리즈시의 시초는「나레즈시」로 알려져 있다.
생선을 소금, 쌀과 함께 발효시킨 나레즈시는 발효로 생기는 신맛이 특징이다.
지금의 스시는 이 신맛을 식초로 낸다.
식초는 스시에 없어서는 안 될 조미료다.

스시라고 하면 먼저 니기리즈시를 떠올리지만, 더 거슬러 올라가면 생선에 소금과 밥을 넣고 장시간 발효시킨「나레즈시」가 시초로 알려져 있다. 그 뒤에야 간사이에서「오시즈시」가 생겨났다. 에도시대 말기의 에도에서는 성격 급한 에도 사람들에 어울리게, 발효나 숙성을 기다리지 않고 밥에 식초를 더한 다음 하나씩 쥐어서 먹는「니기리즈시」가 탄생했다.(p.10 참고)

당시 사용했던 식초는 술지게미를 이용한 지게미식초였다. 이 지게미식초는 붉은색을 띠고 있어 적초라고도 불린다. 마지막에는 쌀을 양조해서 만드는 식초가 보급되었다. 쌀식초에도 색은 있지만 적초만큼은 아니다. 밥의 색을 살려주고, 스시 재료도 돋보이게 하며, 무엇보다 조합하는 재료의 풍미를 방해하지 않기 때문에 현재는 쌀식초를 사용하는 스시집이 일반적이다. 하지만 적초의 향과 부드러움을 잘 살려서 적초를 사용하는 가게도 요즘 늘고 있다.

흑초

「스시 다카하시」의 배합초
냄비에 식초(쌀식초 10 : 적초 1 : 흑초 1)를 넣고 설탕, 소금, 물을 넣어 끓인 후 그대로 식힌다.

Science Point

흑초와 적초의 색

흑초와 적초는 색을 가진다. 이는 재료를 오랜 시간 발효, 숙성시켜 만들기 때문이다. 발효, 숙성 과정에서 「마이야르 반응」이라는 화학반응이 일어난다. 이 반응은 아미노산(아미노기)과 당분(카르보닐기)의 반응으로, 검붉어지는 성분과 향 성분을 만들어낸다. 흑초나 적초는 장시간 발효, 숙성으로 인해 다른 식초보다 아미노산과 당을 많이 포함하기 때문에 색이 검게 변한다. 원재료 등의 조건에 따라 색이 달라지며, 아래 사진처럼 흑초도 붉은빛을 띠고 적초도 검은빛을 띨 수 있다.

적초 　　　　　　　　　쌀식초

「스시 다카하시」에서 사용하는 식초

소금
Salt

역사적으로 볼 때 스시는 본래 생선, 소금, 밥을 함께 발효시킨 것을 가리키며, 소금은 스시에서 빠질 수 없는 요소다. 맛을 낼 뿐 아니라, 생선살을 수축시키거나 보존성을 높이는 등 그 특성을 살려서 다양하게 사용한다.

통틀어 소금이라 부르지만, 원재료나 제조방법의 차이에 따라 다양한 성질의 소금이 있다. 스시 장인들은 수백 종류나 되는 소금 중에서 자신의 스시에 어울리는 소금을 취향에 맞게 골라서 사용한다. 보슬보슬한지 그렇지 않은지, 잘 녹는지 어떤지, 마그네슘 등의 미네랄을 얼마나 포함하는지 등 종류가 다양하며, 그 개성은 대부분 만드는 방법으로 결정된다. 원재료가 천일염이든 암염이든 녹여서 졸이면 본래의 성질을 잃고, 졸여서 만든 소금의 성질이 나타난다.

진한 소금물을 「염수(함수)」라고 하는데, 염수를 졸여서 만든 소금을 「천합염」이라고 한다. 졸이기 위해서 「다테가마」와 「히라가마」를 사용하는데, 다테가마는 진공식 탱크 모양이며 히라가마는 네모나거나 동그란 모양이다.

「다테가마」로 졸인 소금 결정은 깔끔한 육면체가 된다. 「히라가마」로 졸인 소금 결정은 잘 녹고 끈적끈적하며 부피가 큰 것이 특징이다. 히라가마의 경우 가열방법에 따라 결정구조가 달라지며, 직화 등으로 급격히 가열하면 솥 안에서 강한 대류가 일어나서 섞이므로 정육면체 같은 결정이 완성된다. 하지만 혼합방식이 불완전해 작은 결정이 서로 붙어있는 듯한 구조다. 반대로 대류가 일어나지 않도록 천천히 결정화시키면, 바삭한 플레이크 상태의 소금이 된다.

바닷물을 햇볕에 응축시킨 이른바 「천연소금」은 마일드한 맛, 순한 맛으로 표현되는 경우가 많은데 이는 염화나트륨이 아닌 다른 미네랄의 맛 때문이라고 생각된다. 실제로 이런 소금에는 염화나트륨이 적고 다른 미네랄 성분이 많다.

[소금 결정의 구조]

소금 결정은 다양한 형태를 보인다. 소금은 흰색이지만 결정 하나하나만 보면 무색투명하다. 이 결정이 많이 모이면 표면이 울퉁불퉁해지고 빛이 난반사되어 하얗게 보인다.

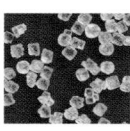 정육면체
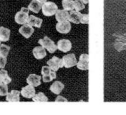 플레이크형
 응집염
 분쇄염
 피라미드형
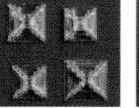 구형
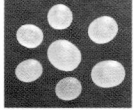 기둥형*
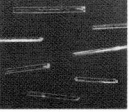 가지형*

* 매우 특수한 방법으로 만든 결정체로, 식용으로는 거의 유통되지 않는다.

(자료 & 사진 제공 : 공익재단법인 소금사업센터)

일본 소금은 대부분 바닷물을 원료로 삼고 있다.

바닷물

일본 바다
- 이온교환막 → 염수*
  - 졸이기 → 이온교환막 염수 천합염** 🔴

바닷물 (일본 바다)
- 햇볕 → 염수*
  - 햇볕 → 천일염 🔴
  - 졸이기 → 천일염수 천합염 🔴

일본 외 바다
- 햇볕 → 염수*
  - 햇볕 → 천일염
  - 졸이기 → 천일염수 천합염

수입천일염
- 용해 → 염수*
  - 졸이기 → 수입천일염 가공염 🔴
- 분쇄

암염
- 용해 → 염수*
  - 졸이기 → 암염염수 천합염
- 분쇄 → 암염

호수소금
- 용해 → 염수*
  - 졸이기 → 호수소금 염수 천합염
- 분쇄 → 호수소금

🔴 = 일본제품   * 염수 = 진한 농도의 소금물   ** 천합염 = 염수를 졸여서 만든 소금

(소금 이름은 공익재단법인 소금사업센터 해수종합연구소의 자료를 바탕으로 제조방법에 따라 붙였다.)

밥 짓기 Cook Rice

밥이란 쌀에 물을 흡수시키고, 전분을 물과 함께 가열하여 호화시킨 것이다.(p.118 참고) 처음에는 솥 속에 쌀과 물이 나뉘어 있지만, 가열한 후에는 수분이 완전히 쌀에 흡수되어 적당한 점도와 단단함을 가진 밥이 된다. 좋은 상태로 완성한 밥은 식초의 흡수도 좋고, 재료와 잘 어울리는 스시용 밥이 된다.

스시의 개성은 스시용 밥의 개성이기도 하며, 장인에 따라 밥 짓는 방법도 다양하다. 전기밥솥, 가스밥솥 외에 하가마(가마솥)를 즐겨 사용하는 가게도 많이 볼 수 있다. 「스시 다카하시」도 하가마를 사용한다. 쇠로 된 하가마에 두꺼운 뚜껑을 덮고, 그 위에 많은 양의 물이 담긴 냄비를 올린다. 이 냄비를 누름돌 역할로 두어, 가능한 증기가 빠져나가지 않도록 압력을 가하여 밥을 짓는다. 적은 양의 물로 센불에서 단번에 끓이기 때문에 아무래도 바닥 부분이 눌어붙는다. 하지만 이렇게 눌어붙을 정도의 물과 화력이어야 폭신하면서도 적당히 단단한 밥이 지어진다. 시간에 맞춰 세심하게 진행되는 불조절은 여러 번의 시행착오 끝에 도달한 「스시 다카하시」만의 밥 짓기다.

「스시 다카하시」의 밥 짓는 방법

[먼저 쌀을 물로 씻는다]

볼에 쌀을 넣고 물을 부어, 살짝 섞은 다음 물을 버린다. 쌀을 볼에 다시 담고 씻은 다음, 체에 올린다. 이 과정을 3번 반복한다. 그 이상 많이 씻으면 전분, 단백질, 당 등이 빠져나가고 쌀에 흠집이 난다. 볼에 다시 담아 30분 정도 물에 불린 후, 체에 올려서 1분 정도 그대로 두어 물기를 제거하고 하가마에 넣는다. 체에 올린 후 밥 지을 때까지 시간이 너무 지나면 건조되어 밥알이 잘 깨진다.

[물조절]

쌀	:	물
10홉		1200㎖
(1800㎖)		

[불 조절]

불을 붙인 후 센불로
↓ ·········15분(끓은 후)
중 불
↓ ·········15분
센 불
↓ ·········1분(이때 수분이 날아간다)
불을 끈다
↓ ·········20분(뜸들이기)
식힘통으로

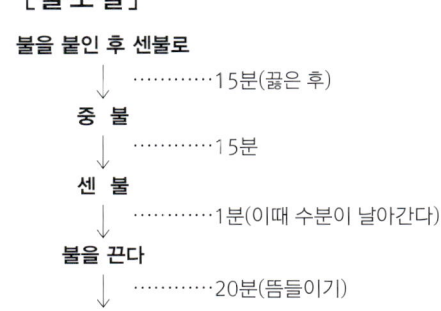

「샤리한」이라 불리는 큰 식힘통을 면보로 닦아 둔다. 완성한 밥을 식힘통 위에서 뒤집는다. 하가마를 식힘통에 툭 떨어뜨리면 밥이 깔끔하게 나온다. 적은 양의 물을 넣고 센불로 가열하기 때문에 주위가 조금 탈 수 있다. 탄 부분은 주걱으로 깨끗이 제거한다. 가운데 부분만 스시에 사용한다. 조금 되직하게 밥을 지어야, 배합초를 흡수하여 스시에 적합한 스시용 밥이 된다.

스시용 밥 Rice Prepared for SUSHI

갓 지은 밥과 배합초가 만났을 때 비로소 「스시용 밥」이 된다. 식힘통에 담은 밥이 따뜻할 때 배합초를 골고루 뿌리고, 밥알 하나하나가 제각기 흩어지도록 주걱으로 자르듯이 섞는다. 이 작업을 「샤리키리(밥 자르기)」라고 한다. 덩어리가 남지 않을 만큼 배합초가 골고루 퍼지면, 식힘통 한쪽에 모은다. 이것을 보온밥통에 옮겨 담고 체온 정도로 유지한다. 스시를 쥘 때는 오히츠로 옮긴다.

1 배합초를 미리 만들어둔다. 눌어붙은 부분을 떼어낸 밥에 가운데부터 배합초를 둥글게 뿌린다.

2 뭉쳐있는 부분을 부수고, 주걱으로 밑에서 밥을 퍼올려가며 자른다.

3 식초가 전체에 골고루 퍼지면 넓게 펴 둔다.

4 중간에 부채로 부채질을 해서, 식초를 날리고 윤기를 낸다.

5 밥알이 으깨지지 않게 타월로 스시용 밥을 옮긴다. 식힘통 한쪽으로 모아둔다.

6 보온밥통에 옮기고, 스시를 쥘 때까지 보온해둔다.

스시용 밥 SUSHI Rice

「스시 다카하시」 스시용 밥의 온도 변화

하가마(가마솥)에서 지은 밥을 식힘통, 보온밥통으로 옮길 때까지의 온도 변화다. 갓 지은 밥은 98℃이지만, 눌어붙은 부분을 떼어내고 배합초를 뿌렸을 때는 59℃까지 내려가며, 밥주걱으로 「샤리키리」를 하고 나면 43℃ 정도가 된다.

보온밥통의 설정온도는 70℃ 내외이며, 보온밥통으로 옮기면 밥의 온도가 조금 올라간 다음 46℃를 유지한다. 스시를 쥐기 전에 오히츠(나무밥통)로 옮기면 온도는 43℃ 정도로 유지된다. 이 온도로 스시를 쥐면 손님의 입에 들어갈 때쯤 이 온도보다 조금 낮아진다. 이것이 바로 「체온」이다.

[스시용 밥의 온도 변화]

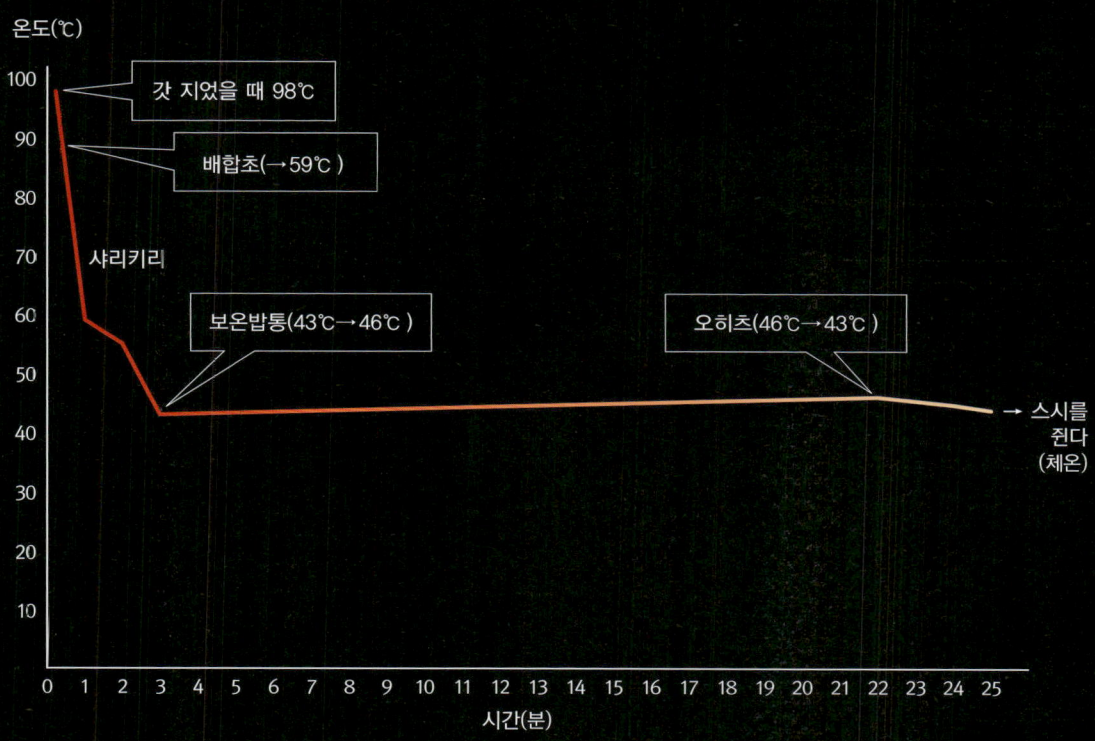

니기리

Specially prepared Soy Sauce Brushed on SUSHI before serving

완성한 스시에 발라주는 산뜻하고
「가벼운 소스」이다.
간장을 베이스로 맛술을 넣거나
육수를 더하는 등, 만드는 방법이 다양하다.

갓 만든 스시를 종지에 담긴 생간장에 찍어 먹는 방법도 있지만, 「에도마에」를 내세우는 많은 스시 장인들이 스시를 만든 후 간장 베이스의 조미액을 솔로 바른다. 이 조미액을 「니기리」라고 한다. 간장, 정종, 맛술을 합치거나 간장, 정종, 육수를 합치는 등 만드는 방법이 다양하지만, 정종과 맛술의 알코올 성분을 날리는 부분은 공통적이다. 알코올 성분을 날리는 것을 「니기루(煮切る)」라고 하여, 그 말이 그대로 용어가 되었다. 「스시 다카하시」의 니기리는 같은 양의 간장과 맛술을 냄비에 넣고, 알코올을 날린 다음 사용한다. 바르는 니기리의 양도 어패류의 개성이 죽지 않게 조절한다.

니츠메
Condensed Sauce made of ANAGO(Conger Eel) Broth

완성한 스시에 발라주는 진하고 「무거운 소스」이다.
스시집에서는 간단히 「즈메」라고 부른다.
일반적으로는 붕장어 조림국물에 황설탕이나
맛술을 더해서 졸인 것을 가리킨다.

에도마에의 스시 재료로 빠질 수 없는 붕장어 조림국물에, 손질하고 남은 머리나 가운데뼈를 구워서 우려낸 육수를 더한다. 여기에 간장, 설탕, 정종 또는 간장, 맛술을 넣은 다음, 불순물을 제거하면서 걸쭉해질 때까지 졸인 것을 「니츠메」라고 한다. 다 쓰고 나서 매번 새로운 니츠메를 사용하는 가게도 있고, 양이 줄면 「보충」하여 이어오는 비법을 나세우는 가게도 있다. 붕장어 외에도 갯가재, 백합 등의 스시 재료를 조미액에 절여 「즈케코미(재우는 작업)」를 한 다음 니츠메를 바르기도 한다.

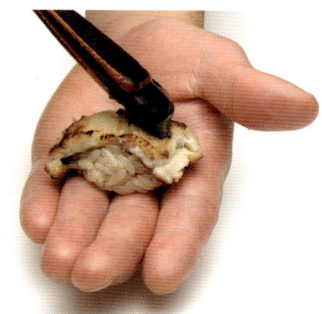

스시의 단맛 MIRIN (Sweet Sake) and Sugar

스시의 단맛은 설탕이나 맛술에서 나온다. 단순히 단맛만 내는 것이 아니라
신맛이나 쓴맛을 부드럽게 하고, 윤기를 더하고, 보존성을 늘리는 등
설탕이나 맛술이 가진 다양한 특성을 살려서 활용한다.

스시를 준비하며 설탕이나 맛술을 사용하는 순간은, 주로 조리는 작업인 「조림국물」이나 스시용 밥에 뿌리는 「배합초」를 만들 때다. 조림국물에는 대개 설탕이나 맛술, 또는 양쪽 모두를 사용하지만 스시용 밥의 경우 「설탕을 사용하지 않는다」는 가게가 많다. 여기에는 배합초에 원래 식초와 소금밖에 사용하지 않던 전통을 따르겠다는 의도가 담긴 듯하다.

1950년대 이후, 설탕이 널리 유통되는 시대가 오자 배합초에 설탕을 넣는 가게가 많아졌다. 스시용 밥의 윤기가 좋아지고, 식초의 신맛이 누그러지며, 밥알이 살아났다. 전분의 노화 또한 방지되어 스시용 밥의 쫄깃함이 좋아진 점이 가장 큰 수확이다.

설탕과 맛술은 단맛의 성질이 다른데, 단맛의 기반이 되는 당의 종류가 다르기 때문이다. 설탕은 사탕수수나 수세미 등에서 정제한 자당이 단맛의 주성분이며, 맛술은 원료인 찹쌀 전분을 누룩의 힘으로 시간을 두고 분해하여 생기는 포도당, 맥아당, 올리고당이 단맛의 주성분이다. 그래서 매우 부드러운 단맛이 된다.

맛술을 사용하여 윤기를 내는 것은 포도당의 광택도가 당류 중에서 가장 높기 때문이다. 맛술은 알코올을 포함하기 때문에 그 작용으로 어패류를 조릴 때 부서지지 않으며, 게다가 향 성분이 풍부하여 비린내도 억제한다고 알려져 있다.

[「혼미린(맛술)」과 「맛술풍 조미료」의 차이]

「혼미린」
찐 찹쌀, 멥쌀로 만든 누룩, 소주 등의 알코올을 섞어서 당화, 숙성시킨 것이다. 당분은 45%, 알코올 도수는 약 14%로 주세법상 주류에 해당한다. 개봉 후에도 1년 이상 보관 가능하다.

「맛술풍 조미료」
포도당, 조청 등의 당류와 조미료, 산미료 등이 원료다. 당분은 60% 내외고 염분은 1% 미만이다. 알코올 도수가 1% 미만이기 때문에 주세 대상이 되지 않고, 맛술보다 저렴한 가격에 유통되고 있다. 개봉 후에는 냉장고에 보관하며, 2~3개월 안에 모두 사용하는 편이 바람직하다.

맛술의 조리 효과

● 부드러운 단맛과 윤기
성분이 자당(이당류)뿐인 설탕에 비해 당분의 80~90%가 포도당(단당류)이다. 자당보다 분자량이 작기 때문에 식품 내부로 당이 잘 침투하고, 설탕에 비해 부드러운 단맛이 난다. 또한 가열하면 고소함과 윤기를 낼 수 있다.

● 깊고 진한 맛, 감칠맛, 향
찹쌀로부터 복잡한 공정을 거쳐 만들기 때문에 (p.135 참고) 아미노산, 펩티드, 유기산, 그리고 향 성분이 풍부하게 포함되어 있다. 아미노산과 펩티드는 감칠맛 성분이며, 유기산의 산은 맛의 균형을 잡아줘 더욱 돋보이게 한다. 이 성분들이 섞이고 재료와 함께 어우러지면서 요리에 깊은 맛과 감칠맛, 그리고 훌륭한 풍미가 생겨난다.

● 빠른 침투력과 수축, 냄새제거 효과
맛술에는 알코올이 포함되어 있다. 알코올이 존재하면 다른 조미료가 재료에 침투하는 속도가 빨라지므로, 재료에 맛도 빨리 밴다. 알코올 작용으로 채소의 조직을 지탱하는 세포가 수축하여, 조릴 때 부서지지 않는다. 또한 알코올은 78℃ 정도에서 증발하므로, 맛술을 어패류와 함께 가열하면 비린내와 함께 증발하여 비린내 억제 효과도 가져올 수 있다.

● 방부·살균 효과
맛술이 가진 알코올만으로는 충분하지 않지만 맛술에 도함된 유기산과 다른 조미료의 산, 염분이 만나면 방부, 살균 효과를 기대할 수 있다.

설탕 만드는 방법 How to Make Sugar

설탕에는 다양한 종류가 있으며, 스시집에서 일반적으로 사용하는 설탕은 상백당, 와산본, 삼온당, 수수설탕 등이다. 제조법에 따라 색과 알갱이 크기가 다르다.

[설탕의 주성분]

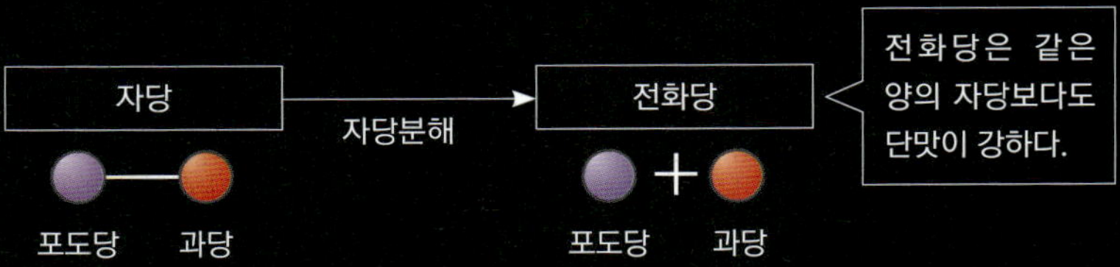

자당 → (자당분해) → 전화당

포도당 — 과당   포도당 + 과당

전화당은 같은 양의 자당보다도 단맛이 강하다.

[주요 설탕 제조방법과 분류]

사탕수수
- 절단
- 착즙
- 정제
- 원심분리

사탕무
- 절단
- 착즙
- 정제
- 원심분리

→ 결정
- 건조
- 냉각

→ 당액
- 졸이기 ↻ 반복
- 결정화
- 건조
- 냉각

결정 분기:
- 졸이기 → 굳히기 → **흑설탕**
- 불순물 제거 → 졸이기 → 냉각 (백하당 = 결정 + 당밀) → 꿀 제거 → 반죽 → 착즙 → 건조 → **와산본**
- **그래뉴당** → 분쇄 → **슈거파우더**
- **시로자라메** (자당순도가 높다)
- **상백당** (+ 전화당)

당액 분기:
- **삼온당** (+ 전화당)
- **중자라당**

맛술 만드는 방법 How to Make MIRIN

붕장어, 백합, 갯가재 등을 조릴 때 사용하는 맛술은 찹쌀, 쌀누룩과 소주 또는 알코올을 섞어서 발효시킨 것을 장시간 당화, 숙성시켜 만든다.

[맛술 제조방법의 예]

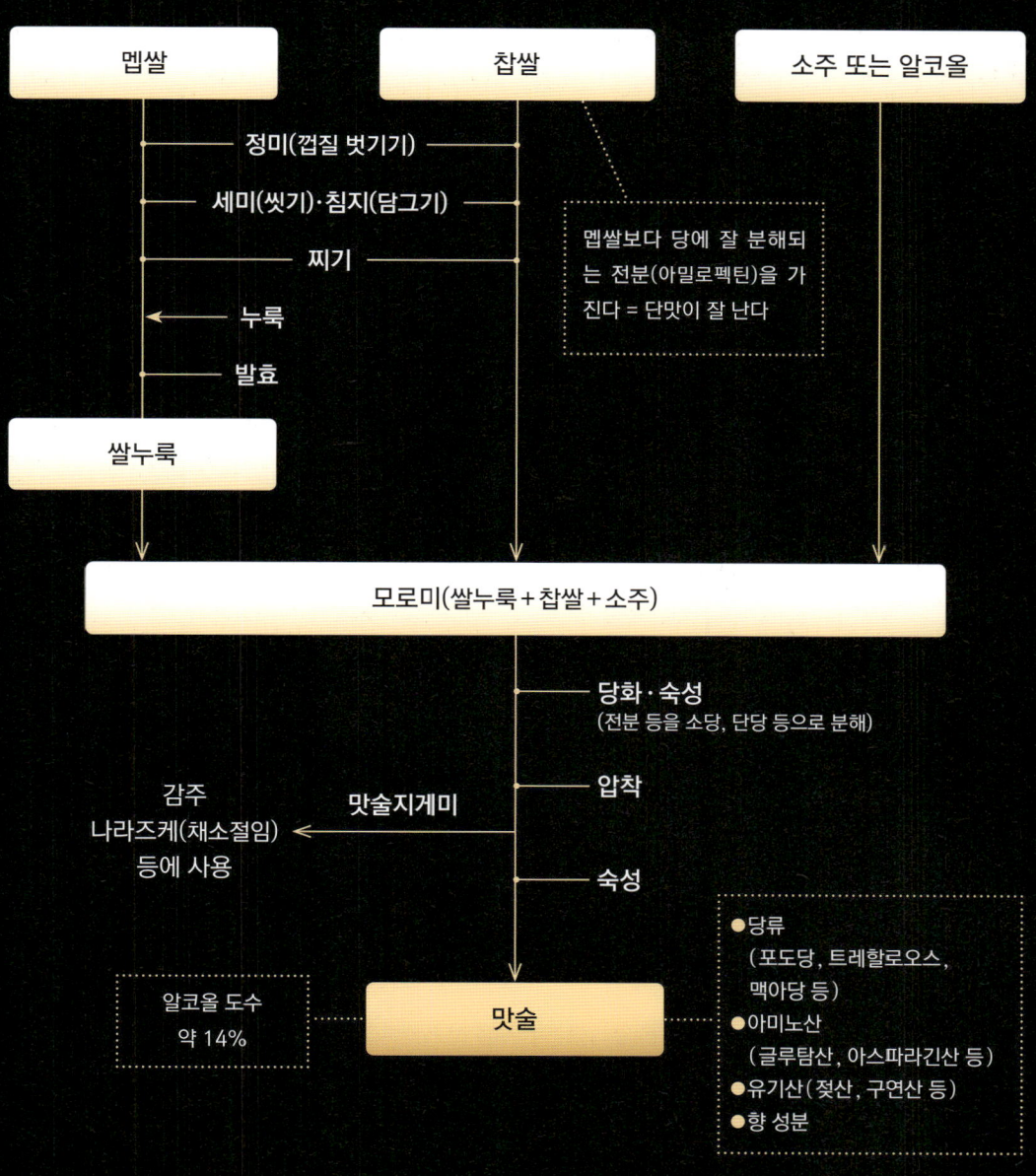

와사비

WASABI

와사비는 입에 머금으면 톡 쏘는 특유의 매운맛과
산뜻한 향을 가진, 스시에 꼭 필요한 재료다.
스시 장인이 조리대에서 와사비를 갈기 시작하면 그 자체로 기분이 좋아진다.
일본 특유의 재료로 이제 전 세계에 알려진, 일본을 대표하는 향신료다.

스시집에서 볼 수 있는 와사비라 하면, 조리대에서 갈아서 사용하는 와사비 말고도 물을 더해 반죽하는 와사비가루가 있다. 전자는 「스리와사비」, 「오로시와사비」 후자는 「네리와사비」로 구분해 부른다. 튜브에 들어있는 와사비도 있다. 와사비의 품질은 천차만별인데, 똑같이 「와사비」라고 부르지만 산지, 품종 등 다양한 요인에 따라 품질이 크게 달라지기 때문이다. 최고로 평가받는 것은 시즈오카의 이즈아마기나 고텐바, 나가노의 호타카 등에서 재배하는 「마즈마」라는 품종이다. 와사비는 재배방법에 따라 밭에서 키우는 「하타와사비」, 시냇물이나 지하수로 키우는 「사와와사비」로 나뉜다.

스시집에서 사용하는 와사비는 「사와와사비」로(아래 사진), 사와와사비도 2종류가 있다. 「미쇼」종은 재배가 비교적 간단하고 큰 규모의 밭에서 재배하지만, 「마즈마」종은 재배가 어려워 대량생산이 불가능하다. 1년에 3㎝ 정도밖에 자라지 않을 정도로 성장이 더디며, 모종을 심고 나서 수확하기까지 1년 반~3년이 걸린다. 이는 미쇼종의 1.5배 정도 되는 긴 시간이다. 마즈마종은 계단식 밭에서 재배하며 깨끗한 물, 여름에도 15℃ 이하를 유지하는 안정된 수온, 그리고 산소가 많은 환경이 필요하다. 수확은 손으로 꼼꼼하게 이루어진다.

크고 돌기가 작은 것이 품질이 좋다. 살이 단단하고, 갈았을 때 점성이 강하며, 고급스러운 매운맛과 함께 산뜻한 풍미를 가진다.

와사비

와사비는 무나 소송채 등과 마찬가지로 「배추과」에 속한다. 스시집에서 갈아서 사용하는 「와사비」는, 일반적으로 맑은 물이 흐르는 와사비 밭에서 재배하는 「사와와사비」를 가리킨다. 뿌리줄기라 불리는 울퉁불퉁한 부분의 녹색이 짙고 아름다우며, 매운맛과 향이 뛰어나서 가격도 매우 높은 편이다.

와사비 성분 Component of WASABI

와사비를 갈아서 와사비 조직이 무너지면 효소가 작용하여 매운맛 성분이 만들어진다. 와사비를 고운 강판이나 상어가죽에 가는 것은 세포조직을 확실히 파괴시키고, 효소를 활발히 활동시켜 매운맛을 내기 위해서다. 간 직후에는 효소에 의한 분해가 진행되지 않은 채이기 때문에 그다지 맵지 않게 느껴진다.

간 와사비를 그대로 두면 매운맛이 나오는데, 반대로 시간이 너무 지나면 매운맛 성분이 휘발되어 매운맛이 사라져 버린다. 따라서 향과 매운맛을 살리려면 필요할 때마다 필요한 양만 가는 편이 좋다. 갈아둘 때도 매운맛 성분이 빠져나가지 않도록 사비초코(와사비를 넣는 용기)를 덮어 둔다. 또한 와사비의 매운맛 성분에는 항균작용이 있으며, 특히 생선으로 인한 장염비브리오 등의 식중독균에 높은 항균효과를 보인다는 연구결과가 보고되었다.

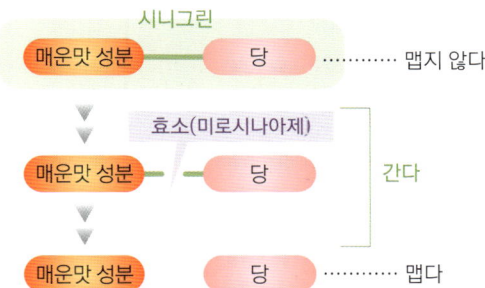

감귤

Citrus

영귤, 유자, 가보스 등의 감귤류는
일본 생선요리에 빠질 수 없는 「아시라이(곁들임 재료)」이다.
도미나 가자미 등의 흰살생선, 문어나 오징어, 정어리나 전갱이 등의
히카리모노(p.64 참고)에 뿌리면, 감귤이 가진 신맛이
각 생선의 개성을 산뜻하게 드러낸다.

스시에 빠질 수 없는 신맛으로 식초와 함께 감귤즙을 꼽을 수 있다. 어패류를 조리거나 절이는 이른바 「작업」을 거친 스시 재료보다, 「날것」을 스시 재료로 먹을 수 있다는 사실이 알려진 무렵부터 감귤즙이나 간 껍질을 스시에 사용할 기회가 많아졌.

감귤의 신맛은 「구연산」이 주성분이다. 식초는 「초산」이 주성분으로, 구연산과 초산 모두 유기산의 일종이다.

유기산은 이름대로 산성이며 pH(p.71 참고)값이 7보다 작다. 유기산에는 산화를 방지하거나 균의 번식을 억제하는 등의 특성이 있다. 하지만 감귤의 경우, 이런 보존성보다는 과일의 상큼한 향을 살리기 위해 사용한다.

[스 시 에 사 용 하 는 감 귤]
① 주요산지
② 각 재배지역의 제철

유자
① 고치 · 도쿠시마
② 10~12월

영귤
① 도쿠시마
② 9월

가보스
① 오이타
② 9월

초생강 (가리)

Ginger Marinated with Sweet Vinegar

얇게 썰어서 단촛물에 절인 생강은
스시 장인들의 용어로 「가리」라 한다. 차와 마찬가지로
스시를 먹는 중간에 먼저 먹은 스시 재료의 맛을 지워주고
입 안을 개운하게 해주는 입가심 역할을 한다.

단촛물에 절인 생강을 가리라고 하는 것은, 생강을 씹으면 아삭하다(가리가리)는 이유 외에도 자를 때 아삭하다는 이유도 있다고 한다. 이런 「아삭함」은 섬유질이 많아서 질긴 생강의 특징이라 볼 수 있다. 가리에 사용되는 섬유질 많은 부분은 뿌리가 아니라 줄기다. 생강도 다른 식물과 마찬가지로 잎·줄기·뿌리로 나뉘는데 줄기가 땅속에 있으며, 이 땅속줄기 부분을 가리로 사용한다. 수확과 유통 시기에 따라 이름이 달라지며 「생강」과 「햇생강」이 대중적이다. 간단히 생강이라 하면 일반적으로 「묵은 생강」, 「저장 생강」을 뜻하는데, 가을에 수확하고 2개월 이상 보관하여 일 년 내내 출하할 수 있도록 한 생강이다. 「햇생강」은 갓 수확한 생강으로, 색이 전체적으로 연하고 잎 끝부분이 분홍색을 띤다. 5~8월쯤 기간 한정으로 출하된다. 일반적인 생강보다 「섬유감」이 적고 부드러운 점이 특징이다. 그리고 초여름에 나며 잎이 뻗은 상태로 출하되는 것이 「야나카 생강」이다. 주로 단촛물에 절여서, 생선구이 등에 곁들이는 「하지카미」로 사용한다. 스시집에서도 여름이 되면 얇게 썬 가리 대신 하지카미 단촛물절임을 곁들여 계절감을 연출한다.

생 강

생강의 매운맛 성분은 「진저론」, 「쇼가올」 등으로 생선 비린내를 없애는 효과가 있다고 알려져 있다. 또한 생강의 매운맛 성분에 따른 에너지대사를 조사한 연구에 따르면, 생강을 먹고 잠시 후에 혈류가 증가한다는 결과가 보고되었다. 생강을 먹으면 몸이 따뜻해진다고 오래전부터 알려져 온 이유다. 게다가 매운맛 성분은 식욕증진에 도움이 된다.

1 햇생강 4kg에 알맞은 조미료 (식초 3.6ℓ, 설탕 1.5kg, 소금 300g)를 준비한다. 「스시 다카하시」에서는 가리에 햇생강을 사용한다. 얇게 썰어서 끓는 물에 넣는다.

2 다시 끓으면 건져낸다.

3 채반에 올려 물기를 뺀다.

4 채반에 넓게 편다.

5 뜨거운 상태로 꽉 짜서 배합초에 넣고, 반나절에서 하루 이상 담가 둔다.

before
단촛물에 절이기 전

after
단촛물에 절인 후

[3] 준비Ⅱ_ 스시용 밥과 다른 재료들 The Science of SUSHI Preparing Ⅱ

달걀구이

Japanese Omelet

달걀구이는 히카리모노(p.64 참고), 조림과 함께 에도마에즈시의 기본이다.
맛을 내거나 굽는 기술이 어렵기 때문에 「달걀구이를 먹어보면
그 가게가 어떤지 알 수 있다」고 말한다.
전문점에서 구입한 달걀구이를 제공하는 가게도 있지만,
에도마에즈시의 자부심으로 가게마다 연구를
거듭해 자신만의 달걀구이를 추구하고 있다.

스시집에서 제공하는 달걀구이는 가게마다 다양한 맛을 자랑한다. 직접 만들 것이냐 구입할 것이냐 하는 선택을 포함하여, 맛을 내는 방법도 굽는 방법도 가게의 생각이 잘 드러나는 스시 재료라 할 수 있다. 대부분 달걀을 두껍게 굽는데, 크게 「으깬 생선살을 넣은 것」과 「으깬 생선살을 넣지 않은 것」으로 나뉜다.

에도마에즈시에서는 으깬 생선살을 넣고 두툼하게 구운 달걀구이가 주류다. 으깬 생선살을 넣지 않은 달걀구이는 원래 일식집에서 만들었는데, 스시집에서 굽게 된 것은 비교적 최근 일이다.

어떤 달걀구이든 대개 정사각형 형태인 달걀구이 팬으로 굽는데, 「조금씩 달걀물을 붓고 말면서 굽는 방법」이든 「말지 않고 단번에 달걀물을 부어서, 달걀구이 팬을 틀 대신 사용하여 그대로 굽는 방법」이든 가게마다의 개성이다.

「스시 다카하시」의 달걀구이는 으깬 생선살을 넣은 타입으로, 오랫동안 연구를 거듭한 끝에 완성되었다. 으깬 생선살로 사용하는 어패류는 새우다. 으깬 생선살은 다지기보다 믹서기로 갈아서 생선살을 「액체」상태로 만든 후, 달걀과 합쳐 달걀물을 만든다. 이 달걀물을 달걀구이팬에 붓고, 상부와 하부 2가지 다른 열원을 사용하여 오랜 시간에 걸쳐 도톰하게 굽는다. 2종류의 열원을 사용하기 때문에 상부와 하부의 완성도가 다르며, 푸딩 같은 상부와 카스테라 같은 하부, 2가지 서로 다른 식감과 맛이 절묘하게 어울린다.

1 숯을 풍로에 넣고 불을 붙인다. 정종, 그래뉴당, 소금을 냄비에 넣고 끓으면 중하를 넣는다. 이것을 믹서기에 갈아서 액체상태(중하액)로 만든다. 볼에 달걀을 깨서 넣고 그래뉴당, 소금, 다시마, 맛술, 정종을 더하여 섞는다.

2 1의 중하액을 넣고 다시 섞는다.

3 가스불 위에 석쇠를 올리고, 그 위에 젓가락을 놓아 가스불과의 거리를 조금 둔다. 약불에 맞추고, 키친타월에 기름을 흡수시켜서 달걀구이 팬에 기름을 코팅한다.

4 2의 달걀물을 조금씩 붓는다.

5 달걀구이팬에 달걀물을 가득 채우고, 표면에 거품이 있으면 토치를 사용하여 없앤다. 가스불을 가장 약한 불로 줄인다.

6 달걀구이 팬보다 약 20㎝ 높은 곳에 석쇠를 놓을 수 있게 세팅하고, 그 위에 불붙인 숯을 올린다. 이때 중요한 것은 아래 가스불과 위의 숯불, 각 열원과 달걀구이팬 사이의 거리다. 「스시 다카하시」에서는 석쇠와 젓가락을 두거나, 좌우에 풍로나 벽돌을 두거나 하여 열원과 달걀구이팬과의 거리를 조절한다. 이 상태로 가장 약한 불에서 30~45분 굽는다.

완성한 「스시 다카하시」의 달걀구이. 잘 보면 위아래 2층으로 이루어져 있다. 이는 위아래 열원이 다르기 때문이다.

[3] 준비Ⅱ_스시용 밥과 다른 재료들 The Science of SUSHI Preparing Ⅱ

스시집의 가열조리 Cooking

스시집의 가열조리로 조리기와 굽기를 꼽을 수 있다. 조리기는 주로 붕장어, 문어, 갯가재 등을 조린다. 굽기는 달걀구이 또는 조린 붕장어 등을 마지막에 살짝 그을려 고소함을 더한 붕장어구이 등이 대표적이다. 최근에는 안주에 중점을 둔 스시집도 많아졌지만, 스시집에서는 역시 스시 재료 만드는 일이 전제가 된다. 장인들은 스시용 밥과 하나가 된 상태를 고려해가면서 스시 재료를 가열한다.

달걀구이(「스시 다카하시」의 경우) Making a Japanese Omelette

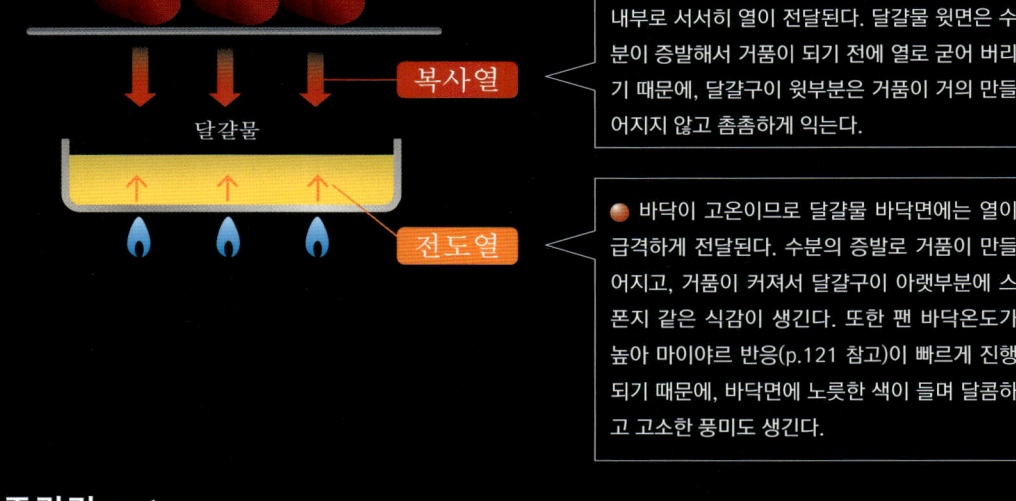

● 숯불에서 방사되는 원적외선은 달걀물의 가장 가까운 표면에서 열로 바뀌어, 그 지점부터 내부로 서서히 열이 전달된다. 달걀물 윗면은 수분이 증발해서 거품이 되기 전에 열로 굳어 버리기 때문에, 달걀구이 윗부분은 거품이 거의 만들어지지 않고 촘촘하게 익는다.

● 바닥이 고온이므로 달걀물 바닥면에는 열이 급격하게 전달된다. 수분의 증발로 거품이 만들어지고, 거품이 커져서 달걀구이 아랫부분에 스폰지 같은 식감이 생긴다. 또한 팬 바닥온도가 높아 마이야르 반응(p.121 참고)이 빠르게 진행되기 때문에, 바닥면에 노릇한 색이 들며 달콤하고 고소한 풍미도 생긴다.

조리기 Boiling

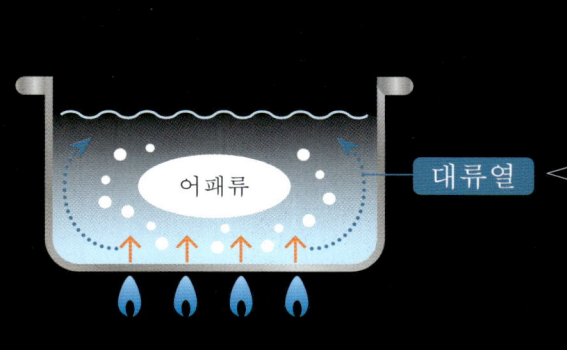

● 냄비에 조림국물과 재료를 넣고 불에 올리면 조림국물이 자연스럽게 대류하며, 이 대류열로 재료가 익는다. 여기에 끓어서 보글보글 거품이 나오면, 재료로 전달되는 열이 10배 이상 많아진다. 따라서 센불로 계속 가열하면, 식재료 표면은 대류의 힘과 거품이 서로 부딪히면서 생기는 충격으로 부서지게 된다. 재료가 많이 움직이지 않도록 속뚜껑을 덮고, 불조절에 주의하면서 조림을 마무리한다.

숯불구이 Charcoal Grilling

숯불에서 식품으로 전달되는 열의 약 80%는 적외선에 의한 복사열이다. 가스불에서 나오는 적외선과 비교하면 숯불이 더 긴 파장의 적외선, 즉 원적외선을 많이 방출한다. 원적외선으로 가열하면 구운 색이 빨리 들고, 표면을 바짝 구울 수 있다. 여기에 숯불의 표면온도가 800~1200℃로 높다는 점도 숯불구이가 고소하게 바짝 구워지는 이유다.

가스레인지(열원 : 가스)
가스와 공기 중의 산소가 화학반응을 일으켜서 열을 발생시킨다. 공기가 충분히 있어서 가스가 완전연소되면 가스의 불꽃은 파란색, 불완전연소되면 가스의 불꽃은 붉은색이 된다. 가스레인지는 고온이 된 공기의 대류열로 인해 냄비의 바닥면뿐 아니라 옆면에도 열이 전달된다. 가스에서 냄비로 전달되는 열효율은 40% 정도다.

IH 인덕션(열원 : 전기)
IH는 「Induction Heating」(전자유도가열)의 머리글자를 딴 이름이다. 가스레인지는 불꽃 주위에서 데워진 고온의 공기가 냄비를 사이에 두고 재료로 열을 전달하는 반면, IH는 직접 냄비바닥을 발열시키므로 냄비바닥에서 냄비 내부로 열이 바로 전달된다. 따라서 냄비에 전달되는 열효율이 가스보다 2배 정도 높은 80~90%이다.

스시집의 달걀조리 Egg Cooking

맛있는 영양식으로 에도시대 후기부터 서민들도 먹기 시작한 달걀은, 당시에도 100가지 이상의 달걀요리 레시피책이 나올 만큼 다양한 요리에 사용되어 왔다. 달걀은 세계적으로도 다양한 요리법이 있으며, 그만큼 요리에 응용하기 쉬운 특성을 가진 식재료다. 스시집에서는 달걀말이, 도톰한 달걀구이는 물론 달걀찜에도 달걀을 사용한다.

달걀의 구조 Chicken Egg

🥚 1개 : 약 50g

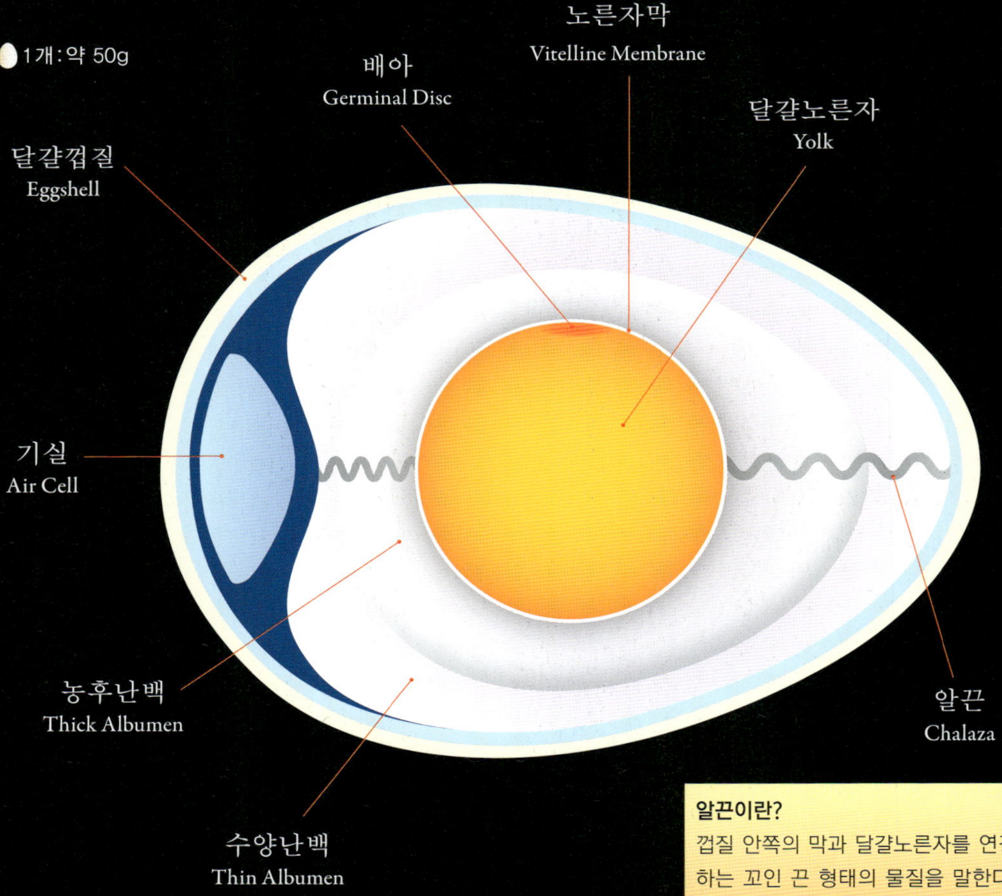

- 배아 Germinal Disc
- 노른자막 Vitelline Membrane
- 달걀노른자 Yolk
- 달걀껍질 Eggshell
- 기실 Air Cell
- 농후난백 Thick Albumen
- 수양난백 Thin Albumen
- 알끈 Chalaza

(수양난백은 외수막 달걀흰자와 내수막 달걀흰자로 나뉜다)

알끈이란?
껍질 안쪽의 막과 달걀노른자를 연결하는 꼬인 끈 형태의 물질을 말한다. 노른자가 달걀의 중심에 오도록 끌어당기는 역할을 한다.

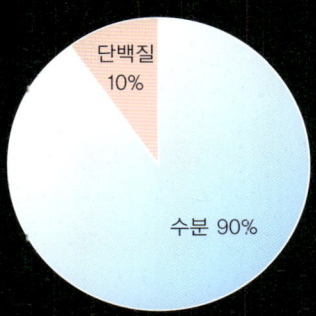

[달걀흰자의 성분]

단백질 10%
수분 90%

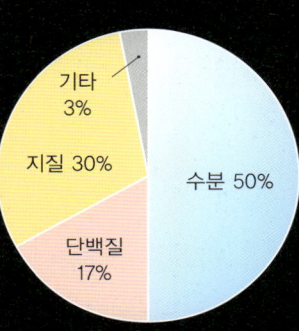

[달걀노른자의 성분]

기타 3%
지질 30%
수분 50%
단백질 17%

달걀흰자는 90%가 수분이고 지질을 함유하지 않지만, 달걀노른자는 지질을 함유한다. 달걀노른자의 지질 중 20% 정도가「레시틴」이라는 성분이다. 레시틴은 본래 혼합되지 않는 기름과 물을 섞어주는「유화」라는 성질이 있다. 달걀을 풀면 달걀노른자와 달걀흰자가 섞인 달걀물이 되며, 여기에 육수를 넣어 희석시킬 수 있는 것은 달걀노른자에 포함된 레시틴의 유화작용 덕분이다.

달걀의 성질 1

육수와 섞인다

달걀은 가열하면 굳는 성질이 있어, 그 성질을 이용하여 육수 등의 액체를 달걀에 넣고 섞은 다음 달걀말이나 달걀찜 등을 만들 수 있다. 달걀은 노른자와 흰자가 껍데기(캡슐)에 싸여있는 구조다 (p.150 참고). 달걀노른자와 달걀흰자는 성분도 다르고, 성질도 다르다. 성질이 다른 이 둘을 합쳐 달걀물을 만들기 때문에 섞는 방법이 중요하다. 농후난백과 수양난백은 열이 전달되는 속도가 다르기 때문에, 균일하게 섞지 않으면 가열했을 때 열이 닿고 얼룩이 생겨 보기 좋지 않게 구워진다.「스시 다카하시」에서는 거품기를 사용하여, 공기가 들어가지 않도록 좌우로 움직이며 흰자를「자르듯이」섞는다. 이는 필요 이상의 공기가 들어가 구울 때 부풀지 않게 하기 위해서다. 육수를 더하고 잘 어우러지도록 섞어준다. 체에 내리면 달걀물이 더욱 균일해져서 곱고 깔끔하게 구워진다.

[달걀물과 육수의 배합기준]

	달걀물	육수
달걀말이	3	1
달걀찜	1	3

달걀의 성질 2 — 달걀흰자 거품 내기

새우나 으깬 흰살생선살을 달걀과 섞고 뭉근히 구워서 폭신하게 완성하는, 이른바 카스텔라풍의 도톰한 달걀구이는 에도마에의 전통을 잇는 달걀요리다. 일반적으로는 달걀과 으깬 생선살에 설탕, 소금, 참마(연결하는 역할)를 넣는데, 설탕은 삼온당이나 맛술을 사용하기도 하고, 재료를 연결해주는 참마는 넣지 않기도 한다. 가게마다 독특한 아이디어로 가게의 개성을 살려 도톰한 달걀구이를 만든다. 디저트처럼 한입크기로 내기 위해, 거품 낸 달걀흰자로 머랭을 만들어서 곁들이는 가게도 있다.

달걀흰자에는 거품을 내는 힘이 있다. 일반적으로 물은 저어도 거품이 나지 않는다. 물분자는 결속력이 강하고 서로 흩어지지 않도록 강하게 끌어당기고 있어서, 공기가 들어가도 그 결속력으로 공기 거품을 없애 버리기 때문이다. 달걀흰자는 물속에 단백질이 녹아있다. 단백질이 존재하기 때문에 물분자의 결속력이 약해지고, 공기가 들어오면 그 거품 주위를 단백질이 얇은 막으로 감싸서 공기 거품이 잘 깨지지 않는다. 따라서 달걀흰자로 거품을 내면 공기를 머금은, 제대로 안정적인 거품을 만들 수 있다.

달걀의 성질 3 — 가열하면 굳는다

달걀흰자가 하얗게 굳는 것은 단백질의 성질 때문이다. 단백질을 한자로 쓰면 「蛋白質」로 蛋은 달걀을, 白은 흰자를 의미한다. 그만큼 달걀은 단백질의 대명사 같은 존재다. 단백질은 복잡한 구조를 하고 있으며, 가열하면 그 구조가 변화(변성이라고 한다)하여 굳는다.
p.153의 설명처럼 달걀흰자와 달걀노른자는 가열온도에 따라 굳은 상태가 다르다.

달걀구이팬에 달걀물을 부었을 때
칙 하고 소리가 난다면, 팬 표면온
도는 150℃ 정도다.

[오래된 달걀과 신선한 달걀]

신선한 달걀일수록 농후난백이 많으며 껍데기를 깼을 때 노른자, 흰자 모두 볼록하게 솟아 있다. 산란 직후의 달걀은 약알칼리성이지만 시간이 지나면 달걀흰자의 알칼리성이 강해진다. 달걀흰자 속에는 유황을 포함한 아미노산이 있으며, 가열하면 분해되어 황화수소라는 물질이 발생한다. 달걀을 삶으면 온천 냄새가 나기도 하는데, 바로 황화수소가 발생하기 때문이다. 장시간 달걀을 삶으면 달걀노른자가 거무스름해지는데, 달걀노른자에 포함된 철분이 달걀흰자에서 발생한 황화수소와 결합하여 황화철이라는 암녹색 성분이 되기 때문이다.

황화수소는 알칼리성이 강해지면 쉽게 발생하기 때문에, 오래된 달걀이 신선한 달걀보다 황화수소가 잘 발생하여 달걀노른자도 거무스름해지기 쉽다.

또한 알칼리성이 되면 안쪽 막에 달라붙은 달걀흰자가 줄기 때문에, 삶은 달걀은 껍데기를 쉽게 벗길 수 있다.

[달걀흰자, 달걀노른자의 응고와 온도 관계]

온도	달걀흰자의 상태*	달걀노른자의 상태*
55°C	액체 상태, 투명하며 거의 변화가 없다	변화 없음
57°C	액체 상태, 조금 희고 흐리다	변화 없음
59°C	유백색의 반투명한 젤리 상태	변화 없음
60°C	유백색의 반투명한 젤리 상태	변화 없음
62°C	유백색의 조금 반투명한 젤리 상태	변화 없음
63°C	유백색의 조금 반투명한 젤리 상태	조금 끈기가 있지만 거의 변화 없음
65°C	백색의 조금 반투명한 젤리 상태 조금 흔들리는 상태	끈기가 있는 부드러운 풀 상태
68°C	백색의 젤리 상태 조금 단단하다	끈기가 있고 되직한 풀 상태로 반숙에 가깝다
70°C	조금 어렴풋하게 형태를 갖춘 정도의 응고 상태지만, 부분적으로 액체 상태	끈기가 있는 풀 상태로 반숙 상태
75°C	조금 어렴풋하게 형태를 갖춘 응고 상태 액체 상태인 부분이 없다	탱탱한 고무 상태로 단단한 반숙 색이 조금 하얘진다
80°C	완전히 응고되어 단단하다	조금 끈기가 있지만, 풀어진 상태 황백색
85°C	완전히 응고되어 단단하다	끈기, 탄력도 적고 잘 풀린다 더욱 하얘진다

*달걀흰자와 달걀노른자를 나누어 각각 5g씩 시험관에 넣고, 55~90℃의 물에 8분 동안 담갔을 때의 상태변화.

출처 : 사토 히데미의 「맛있게 만드는 「열」 과학」(시바타쇼텐)

오보로

Mushed Fish

「오보로」는 대구 등 흰살생선이나 새우를 으깬 다음 냄비에 볶아서 만든다. 오래전부터 에도마에즈시의 한 부분으로 잘 알려져 있는데, 섬세한 작업이 들어가는 카자리즈시(장식스시)에 빠질 수 없는 요소다.

오보로는 지방이 적은 흰살생선이나 새우를 많이 사용한다. 예전에는 오보로 재료에 무엇을 사용하느냐가 가게의 격을 나타낸다고 여겨졌고, 새우를 최고급으로 평가했다. 새우를 데치면 자연스럽게 색이 나와서 연분홍빛이 더해진다. 지라시즈시나 마키즈시에 색을 입히는 것 외에도 학공치, 새끼 도미, 보리멸 같은 스시 재료와 맛 궁합이 좋으며, 전통적인 에도마에 니기리즈시에서는 이들 스시 재료와 스시용 밥 사이에 오보로를 넣었다.

흰살생선과 새우는 섬유질이 굵고 부드럽기 때문에 가열했을 때 부서지기 쉽다. 생선살을 으깨서 조미액과 함께 냄비에 넣고, 뭉치지 않게 전체를 주걱이나 스패츌러로 계속 저어가며 천천히 볶는다. 불조절을 어떻게 하느냐에 따라 달라질 수 있지만, 20분 이상 계속 볶으면 고운 살이 흩어지며 오보로가 완성된다. 대구살은 흰 오보로로 완성되기 때문에 붉은색 색소를 넣을 때도 있다. 새우는 그대로도 연분홍색이어서 보기 좋다.

「스시 다카하시」에서는 으깬 새우살을 베이스로 달걀을 넣어 노란색 오보로를 만든다. 또한 에도마에의 오래된 전통인 「달걀노른자 식초 오보로」도 만들고 있다. 달걀노른자를 넉넉하게 더한 달걀물을 베이스로, 식초를 넣고 섞는다. 단백질이 식초에 의해 변성하면 이를 냄비에 볶아 매우 곱고 흩어진 상태를 만든다. 보기 좋은 노란색 오보로가 되면 새끼 도미의 스시에 곁들인다.

「스시 다카하시」의 오보로

새우 오보로

1 정종, 소금, 그래뉴당을 냄비에 넣고 불에 올려 끓인다. 새우를 넣고 살짝 익었을 때 체에 올려서 물기를 제거한 후, 액체 상태가 될 때까지 믹서기로 간다.

2 볼에 담고 80℃ 정도로 중탕하면서 스패츌러로 젓는다. 새우의 단백질이 굳기 시작하고 걸쭉해져서 손에 힘이 느껴지면, 냄비에 넣은 다음 달걀노른자도 더한다. 젓가락 5개로 섞으면서 보슬보슬한 상태가 될 때까지 약불로 볶는다.

달걀노른자 식초 오보로

볼에 노른자, 달걀, 설탕, 식초를 넣는다. 80℃ 정도로 중탕하면서 스패츌러로 젓는다. 식초에 의해 단백질이 변성하여 사진처럼 굳기 시작한다. 물기가 없어지기 시작하면 냄비에 넣는다. 그대로 젓가락 5개로 섞으면서 보슬보슬한 상태가 될 때까지 약불로 볶는다.

박고지

Dried Gourd Shavings

노리마키(김초밥)라고 하면 간표마키(박고지 김초밥)를 가리킬 정도로, 어패류는 아니지만 에도마에즈시에서 빼놓을 수 없는 스시 재료다. 김의 향과 박고지의 단맛, 스시용 밥의 신맛이 혼연일체가 되어, 달걀구이와 마찬가지로 명품 마무리에 적합한 맛이 이상적이다.

박고지는 박의 과육을 사과껍질처럼 얇게 깎아 건조시킨 것이다. 전국 생산량의 90% 이상이 도치기현에서 나온다. 품질 좋은 박고지는 색이 희고 윤기가 나며, 도톰하여 폭이 넓고 달콤한 향이 난다. 현재 시장에 나오는 박고지는 보존, 표백을 위해 와인 보존 등에도 사용하는 아황산으로 처리한 표백 박고지가 대부분이며, 무표백 박고지는 특별한 경로가 아니면 구하기 어려워졌다. 이 아황산은 데치게 되면(5분 동안 물에 담근 후 10분 동안 데친다) 본래 양의 1/30 정도로 줄어든다.

박고지를 불릴 때는 소금으로 주무른다. 소금 없이 주무르기보다 소금을 사용하는 편이 나은데, 조직이 부서지며 박고지의 수분 흡수가 좋아지는 동시에 조미료가 잘 배기 때문이다.

박은 7~8월에 수확한다.
이 시기에는 수분이 95%이다.

두께 2~3mm의
끈 모양으로 깎는다.

수분이 20~30%가 될 정도까지
햇볕에 말린다.
*표백할 때는 아황산을 사용한다.

(사진제공 : 도치기현 농촌진흥과)

1 박고지를 물에 담가 하룻밤 불린다. 물을 흡수하면 무게는 2.5배 정도가 된다. 물을 따라내고 볼에 담아 소금을 박고지 양의 20% 정도로 넣은 후, 손으로 꼭꼭 움켜쥐면서 부드러워질 때까지 주무른다.

2 헹군 다음 물로 깨끗이 씻고 꽉 짠다. 냄비에 물을 붓고, 물기를 짠 박고지를 넣어서 불에 올린다. 중간에 물을 2~3번 더 붓는다. 투명해지기 시작하고 손가락으로 뜯을 수 있을 정도가 되면, 채반에 올려 물기를 뺀다.

3 냄비에 설탕, 자라메*, 간장을 3 : 3 : 2 비율로 넣어서 끓이고, 물기를 충분히 짠 박고지를 넣는다. 맛이 잘 밸 때까지 조린다.

* 결정이 크고 당도가 높은 설탕.

[4]
스시 만들기

Shaping

니기리(스시 쥐기)

Shape

스시에서 가장 화려한 부분은
「니기리(쥐기)」이다.
손님 앞에 서서 스시를 쥐어 낸다.
이때는 모양이 흐트러지지 않아도,
입안에 넣었을 때 단번에 흩어지도록
부드럽게 쥐어야 한다.
항상 보기 좋은 모양의 스시를
몇 개씩 연속해서 쥐어야 하므로
모든 작업에 세심한 주의가 필요하다.

작업대에 들어가, 손님 앞에서 장인이 스시를 쥐는 모습은 최고의 볼거리 중 하나다. 손님은 장인의 움직임 하나하나를 주목하며 기대에 부푼다.
스시 장인마다 쥐는 방법이 다르지만, 좋은 모양의 스시를 가능한 빨리, 보기 좋게 쥐는 것이 목표인 것은 다르지 않다. 스시 하나를 쥐는 데는 초 단위의 시간밖에 걸리지 않지만, 그 스시 하나에 몇 시간에 걸친 밑준비와 작업의 노고가 들어가 있다.
단 하나의 스시만 쥐고 끝나는 것이 아니라, 스시 장인은 여러 종류의 스시 재료를 몇십 개, 몇백 개 같은 크기와 모양으로 만들어야 한다. 그러기 위해서는 스포츠 선수처럼 스시를 쥐는 자세의 「몸」을 만들어내는 일이 중요하며, 이를 위한 훈련이 필요하다.

작업대에 선다.

오히츠 Wooden Container for Cooked Rice

오히츠는 일본의 전통적인 보온 나무밥통이다.
준비한 스시용 밥을 체온 정도로 유지한다.
스시집에서는 나무 오히츠를 주로 사용하는데, 보온성도 좋지만
마르는 일도 방지한다. 나무향도 매력적이다.

스시용 밥의 온도를 유지하기 위해 스시집에서는 주로 나무로 만든 「오히츠」를 사용한다. 「오하치」라고도 하는데, 정식 이름은 「메시비츠」이다. 「히츠」는 뚜껑 달린 상자를 의미하며, 메시비츠 외에도 고메비츠 등이 자주 사용되는 말이다.

대량으로 준비한 스시용 밥을 큰 오히츠에 넣고 이것을 다시 「와라이즈미」라는, 짚으로 엮은 보온바구니에 넣어두는 스시집도 있다. 최근에는 준비한 스시용 밥을 먼저 보온통에 넣어두고, 사용할 양만 작은 오히츠에 옮겨 담아서 스시 만들 때 손에 닿는 위치에 두는 가게도 많이 볼 수 있다.

스시집에서는 대개 편백이나 삼나무로 만든 오히츠를 사용한다. 목재 카운터에 잘 어울릴 뿐 아니라 나무의 보온성은 물론 스시용 밥의 건조도 방지하며, 은은한 나무향도 좋다는 점이 선택받는 이유다.

오히츠의 관리

처음	막 구입한 오히츠에서는 독특한 냄새가 난다. 오히츠 안에 뜨거운 물을 붓고, 식초 2~3잔을 더해서 2~3시간 그대로 둔다. 물로 헹군 후 물기를 닦아내면 냄새와 더불어 나무의 불순물도 사라진다.
매일 사용 후 관리	사용 전에 오히츠 안쪽을 꽉 짠 젖은 면보로 깨끗이 닦는다. 사용 후 필요하다면 중성세제로 불순물을 닦아내고, 통풍이 잘 되며 그늘진 곳에서 충분히 말린다. 직사광선이 닿으면 급격히 말라서 나무가 쪼그라든다. 가끔 천연나무 특유의 「진」이 생길 수 있다. 인체에 무해하지만, 신경쓰인다면 소독용 알코올로 닦아낸다.
보관장소	장기휴업 등으로 한동안 사용하지 않을 때는 종이나 면보 등으로 싸서 보관한다. 보관장소는 온도변화가 적고 습기가 없는 곳을 선택한다. 오히츠의 뚜껑은 덮지 않고, 열어둔 상태로 종이나 면보 등으로 싸서 보관한다.
곰팡이 제거	사용 중에 곰팡이가 생겼을 때는 베이킹소다나 소금으로 가볍게 문지른다. 베이킹소다나 소금은 연마 효과가 있기 때문에, 세게 문지르면 나무의 부드러운 부분이 마모되거나 표면에 보풀이 생길 수 있다.
냄새 제거	냄새가 신경쓰인다면 불순물 제거와 같은 방법으로 오히츠에 뜨거운 물을 붓고, 식초 2~3잔을 더해서 2~3시간 그대로 둔다. 물로 헹군 후 물기를 닦아낸다.
테가 떨어진 경우	나무가 건조해지면 테가 떨어진다. 너무 말라서 테가 느슨해진 경우, 제자리에 대고 손으로 고정시킨 다음 물에 담가서 나무가 물을 빨아들여 부풀기를 기다린다. 그래도 빠진다면 본래 위치보다 잘 맞는 곳에 테를 끼우고 물에 넣어서 부풀기를 기다린다.

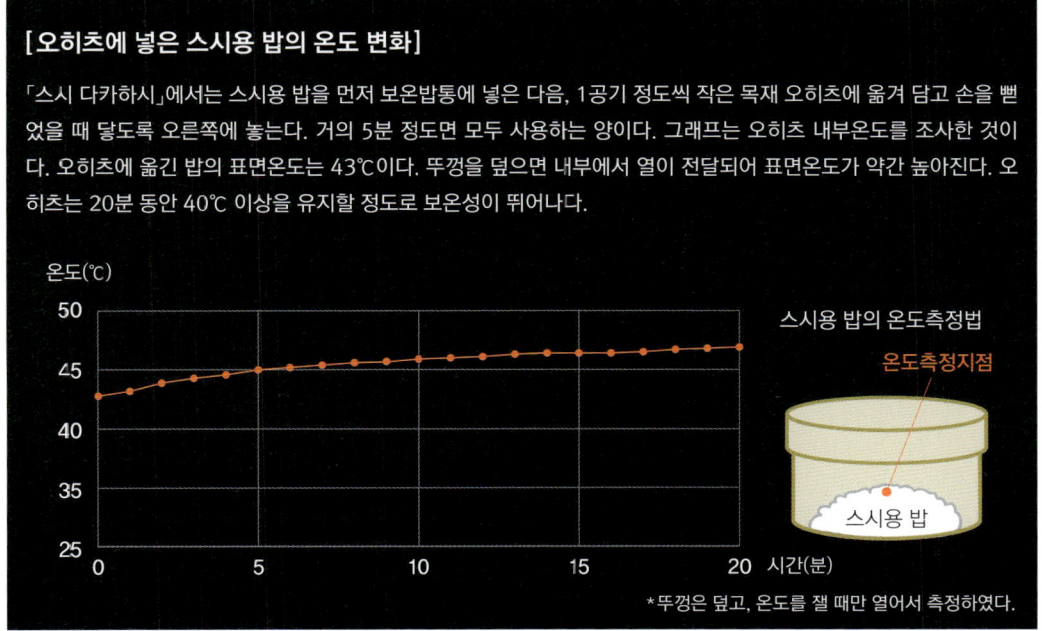

[오히츠에 넣은 스시용 밥의 온도 변화]

「스시 다카하시」에서는 스시용 밥을 먼저 보온밥통에 넣은 다음, 1공기 정도씩 작은 목재 오히츠에 옮겨 담고 손을 뻗었을 때 닿도록 오른쪽에 놓는다. 거의 5분 정도면 모두 사용하는 양이다. 그래프는 오히츠 내부온도를 조사한 것이다. 오히츠에 옮긴 밥의 표면온도는 43℃이다. 뚜껑을 덮으면 내부에서 열이 전달되어 표면온도가 약간 높아진다. 오히츠는 20분 동안 40℃ 이상을 유지할 정도로 보온성이 뛰어나다.

*뚜껑은 덮고, 온도를 잴 때만 열어서 측정하였다.

기리츠케 Slice

덩어리로 잘라 밑손질해둔 생선살을 스시 재료 크기에 맞춰 써는 것을 「기리츠케」라고 한다. 스시용 밥에 비해 너무 크거나 작으면 보기 좋지 않으므로, 기리츠케를 어떻게 하느냐에 따라 스시용 밥에 올렸을 때의 아름다움도 달라진다. 기본적으로는 결(섬유 방향)에 교차하도록 칼을 비스듬히 넣는다. 이때 스시 재료의 두께가 결정된다. 그리고 완전히 잘리기 직전, 비스듬히 넣은 칼을 직각이 되게 수직으로 세운다. 이를 「칼을 되돌리다」, 「칼을 살리다」 등으로 부른다. 외날이라서 모서리가 깔끔하게 잘린다. 깔끔한 모서리 또한 스시의 모습을 아름답게 만든다.

물론 단지 보기 좋게 써는 것만 아니라 생선 종류에 따라, 또는 같은 생선이라도 계절과 산지에 따라 생선살의 질이 달라지므로, 이에 따라 써는 방법을 달리하는 것도 기리츠케의 역할이다. 지방이 오른 정도, 살의 부드러움 등 눈으로 보고 손으로 만지는 순간의 판단으로, 두껍게 썰거나 얇게 썰거나 숨은 칼집을 넣거나 한다. 예를 들어 지방이 적고 담백한 첫물 가다랑어(하츠가츠오)는 두껍게, 지방이 오른 반환 가다랑어(모도리가츠오)는 얇게 써는 등 스시 장인의 경험과 감각이 빛을 발하는 순간이다.

참 치 기 리 츠 케

1 참치의 결과 칼이 교차되게, 회칼의 칼턱 부분부터 칼집을 비스듬히 넣는다.

2 그대로 칼을 당긴다. 완전히 잘리기 직전에 칼이 도마에 수직이 되도록 세워서 자른다.

왕우럭조개 기리츠케

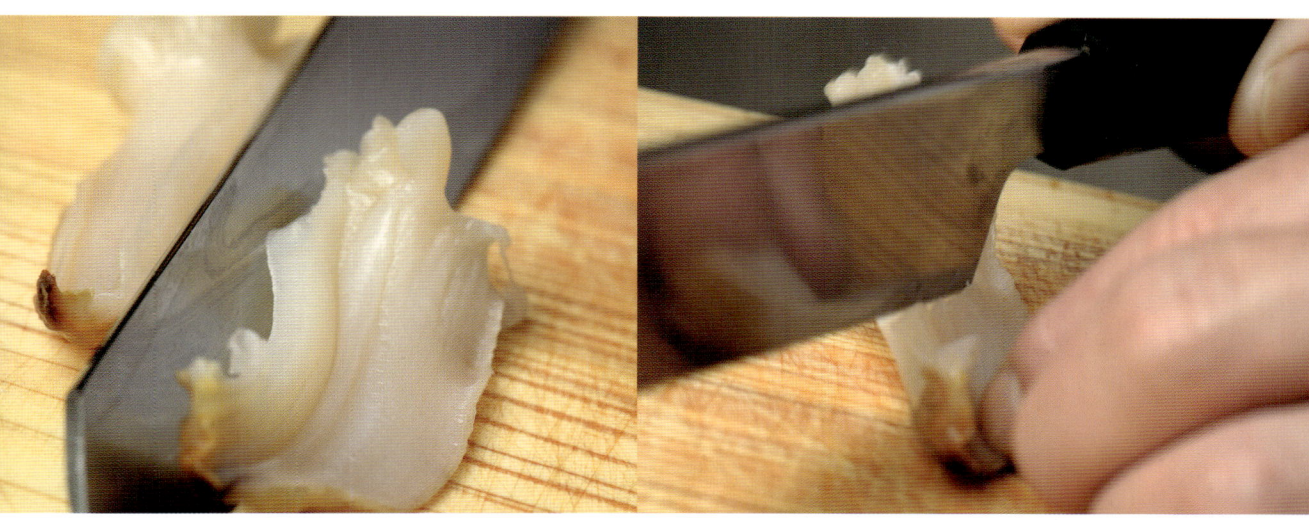

1. 세로로 이등분하고 가늘고 뾰족한, 색이 든 부분이 고르게 남도록 얇게 썬다.

2. 칼턱을 이용해 가로세로로 칼집을 넣는다.

도미 기리츠케

1. 결(섬유 방향)과 교차하도록 칼을 비스듬히 넣는다. 이때 스시 재료의 두께가 결정된다. 완전히 잘리기 직전에 비스듬히 넣은 칼이 도마에 직각이 되도록 수직으로 세운다.

2. 스시 개수에 맞춰 스시 재료를 나란히 놓는다.

니기리 동작 Movement of Shaping SUSHI

니기리(스시 쥐기) 동작이 순조롭게 진행되려면 먼저 준비가 제대로 갖춰져야 한다. 손님에게 주문을 받으면 바로 대응할 수 있는지, 맛도 모양도 좋은 스시를 얼마나 빨리 쥘 수 있는지, 모두 쓸데없는 동작 없이 효율적으로 일을 하기 위한 준비방법에 달려있다.

스시용 밥, 일반 밥, 와사비, 니기리 등 필요한 것은 바로 손이 닿는 정위치에 두고, 면보는 깔끔히 개어서 조리대를 항상 청결하게 유지한다. 면보는 미리 식촛물에 적셔서 짜 둔다. 식촛물은 스시를 만들 때 스시용 밥이 손에 들러붙지 않도록 손을 적셔두기 위한 것으

와사비가 든 접시는 뒤쪽에 두고, 면보는 개어서 앞쪽에 놓는다. 자른 스시 재료는 몸의 중심보다 약간 왼쪽에 둔다.

오른손 중지 끝에 식촛물을 조금 묻힌다.

로, 물과 식초를 거의 같은 비율로 섞는다. 젖거나 기름이 묻으면 바로 닦는다. 날것을 다루기 때문에, 이렇게 청결을 유지하는 일은 매우 중요하다.

식촛물이 묻은 중지를 왼손 손바닥에 대고, 그대로 오른손 손바닥을 맞대어 양손바닥을 적신다.

오른손으로 오히츠에서 스시 1개 분량의 스시용 밥을 집고(스시용 밥의 무게는 새우를 제외하면 약 12g, 군함말이는 11g, 새우는 8g이 기준), 손안에서 가볍게 굴리듯이 하여 이때 어느 정도 모양을 만든다. 동시에 왼손 엄지와 검지 끝으로 스시 재료의 끝부분을 잡아서, 손가락 2번째 관절 근처에 올린다.

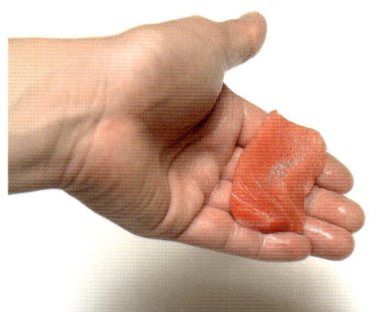

스시 재료는 2번째 관절에 둔 채로, 스시용 밥을 오른손 중지에서 새끼손가락까지 세 손가락으로 쥔다.

오른손은 스시용 밥을 쥐고, 왼손은 작업하기 좋은 위치에 놓는다.

오른손에 스시용 밥을 쥔 채, 오른손 검지로 와사비를 던다.

스시 재료를 든 손가락을 살짝 느슨하게 풀고 손가락을 둥글게 오므린다. 스시 재료 가운데에 와사비를 바른다.

[4] 스시 만들기　The Science of SUSHI　Shaping

스시 재료에 스시용 밥을 올린다. 양이 많다면 이때 조절한다.

스시용 밥 한가운데를 왼손 엄지로 꾹 누른다. 다시 오른손 검지와 중지를 펴서 스시용 밥 위를 누른다.

던 오른손 검지와 중지로 가볍게 누르고, 왼손 손끝 방향으로 굴려서 스시 재료가 위를 향하게 뒤집는다.

오른손 검지와 중지를 펴서 스시 재료 위를 누른다. 이때 스시 양옆을 왼손 손바닥과 손가락으로 가볍게 누르도록 한다.

[4] 스시 만들기 The Science of SUSHI Shaping

오른손으로 스시를 시계방향으로 돌린다.

오른손 엄지와 중지로 양옆을 누른다.

오른손 검지로 스시 재료 위를 누른다.   오른손으로 스시를 시계방향으로 돌린다.

[4] 스시 만들기   The Science of SUSHI Shaping

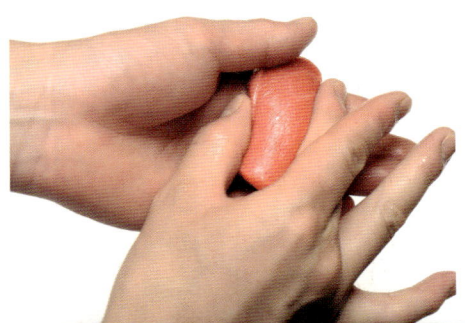

오른손 엄지와 중지로 양옆을 누른다.

손님에게 내놓기 전에 도마 위에 놓고 잠시 모양을 다듬는다.

한가운데 공기가 들어가면, 밥알이 눌리지 않고 폭신한 스시가 된다.

SUSHI

바다를 넘어 이제 전 세계의 사랑을 받고 있는 스시는
스시 셰프도 등장하고, 응용의 폭도 넓어졌으며
다양한 스시 재료도 등장하기에 이르렀다.
시대에 맞춰 변화한다고는 하지만, 니기리즈시나 마키즈시 등
오래전부터 전해오는 기술로 「장인」이 만든 일본의 전통 스시는
심플하면서도 아름다운 존재감을 발휘한다.

스시에는 만드는 사람의 개성이 드러난다. 「스시 다카하시」의 다카하시 준은 한쪽 손가락에 스시 재료를 얹고 다른 쪽 손가락에 스시용 밥을 쥔 후, 좌우를 합쳐 조심스럽게 손을 살짝 모으는가 싶더니 순식간에 모양을 완성하여 접시 위에 올린다. 작지만 단정한 모양으로, 한동안 그대로 두어도 무너지지 않게 확실히 쥐지만 입안에 들어가는 순간 스시용 밥은 바로 흩어진다.

오토로와 같이 지방이 많은 재료는 약간 높은 온도의 스시용 밥에, 도미와 광어처럼 지방이 적은 재료는 약간 낮은 온도의 스시용 밥에 얹는 등, 오히츠 안에서 스시용 밥의 위치를 바꿔가며 섬세하게 스시용 밥의 온도를 조절한다. 그리고 그동안 쌓인 경험을 활용하여 손가락 끝으로 온도를 느끼면서 스시를 쥔다. 스시용 밥에 생선을 올리고 나서야 각각의 개성이 드러나며 완성된다는 점이 인상적이다. 이는 다카하시의 연구로 완성된 「현재」의 모습이지만, 다카하시 본인은 앞으로 또 달라질 수 있다고 말한다. 이는 스시가 단순히 밥에 생선회를 얹기만 하는 것이 아니라 다양한 기술과 지식, 경험이 교차하면서 완성되는 요리라는 의미다.

스시는 초밥에 재료를 얹어 만드는 간단한 작업이지만
모양도 좋고, 식감도 좋고, 맛도 좋은,
만드는 사람의 기술적인 개성이 돋보이는 것이
스시의 매력이자 묘미다.
여기서는 「스시 다카하시」의 다카하시 준이 만든 스시를
그의 설명과 함께 소개한다.

도미
TAI / Sea Bream

―――― 참돔은 품격있는 모습, 화려한 색, 깊은 맛, 어느 면에서 보든 생선의 왕으로 평가받는다. 스시집에서는 2~4월 초봄에만 선보인다. 이 시기의 참돔은 살이 실하며 구입 직후에는 오독오독한 식감이지만, 제대로 숙성시키면 입에 넣었을 때 스시용 밥과 잘 어우러지는 식감이 되고 지방도 적당히 돈다. 숙성 방법은 먼저 머리를 잘라내고, 가마(아가미 아래 가슴지느러미 부분) 부분이 붙은 채로 진공 포장한 후 전체가 잠기도록 물을 부어서 얼린다. 크기에 따라 재우는 기간이 다른데, 4㎏ 정도면 대개 5~6일 냉장고에 넣어둔다. 숙성시킨 제철 도미는 달기 때문에, 스시로 만들면 간장에 찍어먹지만 안주로 낼 때는 소금만으로 충분하다.

광어
HIRAME / Left-Eye Flounder

────── 겨울철 흰살생선 하면 광어를 꼽는다. 특히 추운 날씨에 잡히는 광어는 껍질까지 지방이 알맞게 올라 향이 매우 좋다. 독특한 씹는 맛, 은은한 단맛, 깊은 맛에서 기품을 맛볼 수 있다. 예전에는 도쿄만에서도 잡히던 에도마에의 생선이었지만 현재는 보이지 않으며, 아오모리와 후쿠시마의 조반(常磐) 근처에서 잡히는 광어가 유통되고 있다. 광어는 위에서 봤을 때 검은 쪽 살과 반대쪽 흰 살이 있는데, 각각 생선살의 질이 다르다. 검은 쪽은 도톰하고 탱글탱글하며, 흰 쪽은 지방이 조금 많다. 지느러미 부분도 지방이 많다. 어느 부위를 사용할지는 스시집의 취향이지만, 「스시 다카하시」에서는 흰 쪽을 선택해서 구입하고 있다. 숙성시킬 때는 가마가 붙어있는 광어를 절반만 구입하여, 스티로폼 안에 전체가 잠기도록 불을 붓고 얼려서 3~4일 숙성시킨다. 다시마로 절이는 경우도 있다.

새끼 도미
KASUGO / Young Sea Bream

─── 봄에 잡히는 새끼 도미로 몸길이가 15㎝ 정도인 참돔, 붉돔, 황돔의 어린 생선을 일본에서 「가스고(봄의 아기)」라 부른다. 이름뿐 아니라 벚꽃색의 자태만으로도 봄을 느낄 수 있다. 부드러운 살을 껍질째 먹을 수 있기 때문에 일본에서는 흰살생선이 아니라 히카리모노(p.64 참고)로 분류된다. 크기가 작은 봄철 새끼 도미는 신선한 것만 사용한다. 사자마자 몸통을 펼치고, 껍질쪽에 뜨거운 물을 부어 시모후리(뜨거운 물로 데쳐서 하얗게 익은 상태)로 만든다. 시모후리라서 껍질째 먹을 수 있어, 껍질의 향과 맛을 그대로 느낄 수 있다. 부드러운 생선살, 깔끔한 맛, 그리고 제철에 맛봐야 하는 일품 생선이다. 식초 오보로를 사이에 넣는다.

가자미
KAREI / Right-Eye Flounder

─── 여름철 흰살생선 하면 가자미를 꼽는데, 범가자미와 문치가자미를 사용한다. 범가자미는 어획량이 적어서 꿈의 생선이라고 불릴 정도다. 가게에서는 주로 문치가자미를 사용하고 있다. 문치가자미는 단단한 살이 특징이며, 탄력이 매우 강해서 숙성시킨 후 사용한다. 숙성시킬 때는 가마가 붙어있는 가자미를 스티로폼 안에 전체가 잠기도록 물을 붓고 얼려서 3~4일 재운다. 다시마절임을 하는 경우도 있다.

주토로
CHUTORO / Medium Marbled Tuna Belly

───── 에도마에즈시의 주인공인 참치 중에서도 지방이 알맞게 오른 「주토로」는, 붉은 살과 지방의 그러데이션이 보기에도 아름다울 뿐 아니라 입안에서 부드럽게 녹는다. 계절에 따라 산지도 다양하지만 가장 좋은 시기의 것은 9~12월에 잡은 근해의 참다랑어다. 살에 힘이 넘치기 때문에 10~14일 정도 냉장고에 숙성시켜 감칠맛을 끌어낸다. 참치는 구입과 숙성 단계에서 모든 것이 결정된다. 구입은 믿을 만한 참치업자에게 매번 상담하여, 어느 부위를 어느 정도 숙성시켜야 할지 서로 상의해가며 결정한다. 다만 생선 자체에 힘이 없으면 아무리 숙성시켜도 맛이 없다. 살의 수분량, 단단함, 기름진 정도를 보면서 판단하는데, 개인적으로는 선명한 것보다 약간 바랜 색의 참치가 더 감칠맛 난다고 생각한다.

오토로
OTORO / Premium Marbled Tuna Belly

─── 마블링이 많은 소고기처럼 참치 뱃살도 지방 함유량이 높아, 입에 넣는 순간 혀 위에서 녹아버리고 이어 입안에 풍부한 감칠맛이 남는다. 스시 재료 중 최고급으로 자리매김할 수밖에 없다. 그러나 오토로라고 해도, 자르는 부위에 따라 맛과 식감이 다르다. 마블링 부분, 힘줄이 많은 부분, 그 중간 부분. 그중에서도 백미는 오토로 힘줄의 부드러움이다. 그렇다고 그 부분만 구입할 수는 없기 때문에, 기본적으로 손님 취향에 맞는 부분을 낼 수 있도록 고려해가며 덩어리로 자른다. 자르는 방법도 마블링 부분은 식감이 있기 때문에 약간 얇게, 부드러운 곳은 도톰한 두께를 유지한다. 스시용 밥은 지방이 알맞게 녹도록 높은 온도로 쥔다.

아카미
AKAMI / Lean Tuna

─── 예전에는 아카미가 스시 재료 중 참치의 대명사였지만, 지금은 도로에게 주인공 자리를 완전히 빼앗겼다. 하지만 촉촉하고 섬세한 육질과 철분맛이 은은하게 느껴지는 깊은 감칠맛은, 도로뿐 아니라 다른 생선에도 없는 특별한 맛이다. 아카미도 부위에 따라 식감과 맛이 완전히 다르므로 구분해서 사용한다. 위쪽 지아이(혈합근, 검붉은 살)에 가까운 부분은 부드럽고 맛이 진하기 때문에 그대로 아카미로 사용하고, 주토로 근처 부분은 힘줄이 강해서 식감이 있기 때문에 생선살의 상태에 따라 즈케로 사용한다. 아카미도 다른 부위와 마찬가지로, 보기 좋은 붉은색보다 약간 어두운 검붉은 색이 더욱 감칠맛이 강하다.

즈케
ZUKE / Marinated Tuna

───── 참치의 아카미 부분을 니기리(p.130 참고)에 담근 즈케는, 냉장고가 없던 시대에 생겨난 것으로 살을 절이면서 간장이 스며들어 생기는 감칠맛으로 인기가 많다. 즈케로 사용하는 것은 아카미인데, 아카미 중에서도 힘줄이 많아서 식감이 있는 부분을 고른다. 쥐기 직전에 생선을 썰고, 니기리에 10분 동안 담근다. 이어 묻어있는 니기리를 키친타월로 가볍게 닦아내고, 마무리로 니기리를 발라서 낸다. 절이는 시간은 불과 10분이지만 끈적한 식감을 충분히 낼 수 있다.

가다랑어
KATSUO / Bonito

——— 봄의 첫물 가다랑어(하츠가츠오)와 가을의 반환 가다랑어(모도리가츠오), 이렇게 1년에 2번 가다랑어 철이 있다. 반환 가다랑어는 강한 지방과 향이, 봄의 첫물 가다랑어는 적당한 지방과 섬세한 향이 특징이다. 양쪽 다 짚을 태워 표면을 그을린 후에 스시로 만든다. 첫물 가다랑어는 향이 섬세하기 때문에 짚향에 의해 가려지지 않도록 살짝 구워야한다. 그대로도 맛있지만, 가다랑어와 궁합이 좋은 파나 생강이 있으면 더욱 산뜻하게 완성된다.

정어리
IWASHI / Sardine

───── 여름~가을의 정어리, 특히 홋카이도산은 지방이 많아 살살 녹는 듯 맛있고 독특한 향과 식감을 즐길 수 있다. 정어리는 신선도가 생명이어서 기본적으로 들여온 날에 모두 사용하지만, 제철의 정말 좋은 정어리라면 하루 재운 다음날 생선살이 놀랄 만큼 좋아질 때가 있다. 이렇게 재운 생선살은 지방과 감칠맛이 몸 전체에 퍼지며, 입에 넣는 순간 사르르 녹는다. 정어리는 대중적인 이미지가 강하지만, 해마다 가격이 오르고 있어서 스시집을 애먹이는 생선 중 하나이기도 하다.

줄무늬전갱이
SHIMAAJI / White Trevally

───── 옅은 분홍빛 생선살이 아름다운 스시 재료. 여름이 제철인 자연산 줄무늬전갱이는 어획량이 적어서 비싸고 귀하다. 질 좋은 줄무늬전갱이는 지방이 올라 촉촉한 식감과 함께 단맛이 입안에 퍼진다. 한 마리를 통으로 구입해 숙성시킨다. 갓 잡은 신선한 상태로도 맛을 충분히 느낄 수 있지만, 식감이 너무 탱탱하면 스시용 밥과 어울리지 않는다. 그래서 며칠 두고 살이 안정되기를 기다린다. 줄무늬전갱이는 재우는 중간에 갑자기 지방이 돌 수 있기 때문에 주의해야 한다.

전갱이
AJI / Horse Mackerel

─── 「맛」이 매우 좋아 「아지(일본어로 '맛'이란 의미)」라는 이름이 붙었다는 설이 있을 정도로, 여름이 제철인 전갱이는 지방과 함께 감칠맛도 더해지고 살도 제대로 두꺼워진다. 제철이 5월 중순~초가을로 긴 생선이기 때문에 다양한 산지의 것을 사용하는데, 여름철에는 가고시마 이즈미의 전갱이가 지방이 풍부해 즐겨 사용하고 있다. 전갱이는 가게에서 인기 많은 스시 재료 중 하나다. 히카리모노(p.64 참고)를 먹지 못하면서도 신기하게 전갱이는 괜찮다는 사람이 많다. 적당한 지방과 부드러운 식감이 등푸른생선 중에서는 스시용 밥과 가장 궁합이 좋아 편하게 먹을 수 있다. 산파와 생강을 섞은 푸른 양념을 곁들인다.

전어
KOHADA / Gizzard Shad

───── 에도마에 하면 전어다. 성장한 전어인 고노시로는 스시를 위해 태어났다고 생각될 만큼 식초와의 궁합이나 그 모습이 스시에 잘 어울린다. 초절임 정도에 따라 다양한 표정을 보여주고, 여러 가지의 써는 방법으로 가게의 개성을 드러낸다. 초절임은 생선 크기, 지방이 오른 정도를 살펴보며 소금과 식초의 균형, 재우는 정도를 조절한다. 너무 절이면 흐물흐물한 식감이 되고, 부족하게 절이면 식초와 생선이 하나가 되지 않는다. 갓 절인 생선은 희고 식초맛밖에 나지 않지만, 점점 지방이 돌면서 살이 노랗게 변하고 산이 빠져나가 감칠맛으로 변하는 순간이 있다. 대개 3일 정도 식초에 절이지만, 생선에 따라 차이가 있으므로 매일 상태를 확인한다.

전어를 써는 여러 가지 방법

절인 전어는 잘린 면이 날카롭기 때문에, 표면에 넣는 칼집으로 다양한 표현이 가능하다. 가게에서는 칼집을 세로로 3개 넣는다.

[4] 스시 만들기 The Science of SUSHI Shaping

고등어
SABA / Mackerel

―― 가게에서는 절인 고등어로 제공하는데, 지방이 잘 오른 겨울철에 고등어가 가장 맛있기 때문에 고등어 스시 또한 겨울철에 일품이다. 빠르게 손질한 고등어를 먼저 설탕에 절인다. 생선살이 덮일 정도로 설탕을 얹어 30분, 그 후 소금을 뿌려 2시간 그대로 둔다. 마지막은 식초에 절여서 마무리한다. 식초로 절이는 방법도, 먼저 물에 희석한 식촛물에 살짝 절이고 나서 희석하지 않은 식초에 절인다. 생선 크기에 따라 다르지만 식촛물에 3분, 이어서 식초에 30분 정도 절인다. 종이, 알루미늄포일 순서로 싸서 냉장고에 3일 동안 그대로 둔다. 살이 수축한 정도와 지방의 양을 살펴보며 매일 상태를 확인하지만, 상태의 좋고 나쁨은 배뼈를 제거했을 때 보이는 살이 수축한 정도로밖에는 알 수 없기 때문에 경험과 감각에 의존해야 한다.

학공치
SAYORI / Halfbeak

────── 섬세함이 느껴지는 아름다운 반투명의 생선살, 담백하면서 혀에 착 달라붙는 식감, 그리고 입에 넣었을 때 퍼지는 향이 말로 표현 못할 만큼 높은 품격의 재료다. 겨울 말~이른 봄이 제철이기 때문에 봄을 알리는 생선이기도 하다. 아름다운 모습과 섬세한 작업이 쉬운 생선살 때문에 오래전부터 스시 장인들이 좋아하여 연구를 거듭해왔다. 학공치 중에서도 특히 크기가 큰 것을 「간누키」라 부르는데, 가게에서는 이것만 사용하고 있다. 간누키가 되면 가격도 오르고 그 이상으로 깊은 맛이 난다. 참고로 간누키라는 이름은 양쪽으로 열리는 문에 사용하는 빗장(간누키)에서 왔다. 생강을 올려서 내고, 가끔 소보로를 올리기도 한다.

왕우럭조개
HONMIRUGAI / Gaper

——「바다의 송이버섯」이라는 별명을 가진 조개로, 쫄깃한 식감은 물론 향도 훌륭하다. 조개류 중에서도 식감이 가장 좋기 때문에, 스시로 만들 때는 스시용 밥을 제대로 단단히 쥐어 스시 재료와 스시용 밥의 균형이 깨지지 않도록 한다. 이 큰 조개에서 먹을 수 있는 부분은 스시 2~3인분 정도다. 최근에는 구하기 어려워져서 가격도 매우 높아졌다.

피조개
AKAGAI / Ark Shell

―――― 아름다운 모습과 풍부한 바다내음으로 인기가 많은 스시 재료. 가게에서는 피조개 유명산지인 센다이 유리아게의 것을 사용하고 있다. 신선도가 좋은 피조개로 스시를 만들기 위해, 발라낸 살이 아니라 껍데기째로 구입하여 껍데기를 하나하나 열어서 손질한다. 조개에 살짝 칼을 넣고 도마에 내리치면 살이 스스로 아름다운 아치 모양을 만든다. 살 부분은 스시에, 외투막 부분은 마키에 사용한다.

전복
AWABI / Abalone

―― 전복의 감칠맛, 향, 씹는 맛이 최대한 잘 살도록 조려서 스시를 만든다. 제철은 여름이다. 5월 말에 보슈(房州) 전복이 나오기 시작하면 전복철이 시작된다. 전복은 불순물이 많으므로, 먼저 껍데기를 제거하고 살을 꺼낸 다음 수세미에 소금을 묻혀서 꼼꼼하게 문지른다. 이전에 조린 전복의 조림국물에 물을 보충하면서 4시간 정도 뭉근히 조린다. 전복은 젤라틴이라서 조림국물이 식으면 굳어버린다. 질 좋은 전복을 조리면 단밤 같은 향이 난다. 스시를 쥔 다음, 전복의 간에 노른자를 더해서 만든 소스를 발라준다.

관자
KOBASHIRA / Adductor in Round Clam

——— 탱탱한 식감과 씹는 맛, 씹으면 입안 가득 퍼지는 단맛, 개량조개 특유의 향이 풍부한 관자를 군함말이로 만든다. 개량조개가 급격히 줄고 관자를 구하기 어려워서 값비싼 재료가 되었다. 풍부한 맛을 즐기려면 비록 비싸더라도 가능하면 살이 큰 것을 고른다.

새조개
TORIGAI / Cockle

─── 새조개는 3월, 봄이 시작되었음을 느끼게 해주는 재료다. 부드럽고 탱탱한 식감과 단맛이 있다. 제철은 5월까지라 짧지만, 검게 빛나고 곧게 뻗은 모습이 매우 아름다워서 제철을 기다리는 팬이 많은 재료 중 하나다. 조갯살은 시장에서 사온다. 이때 조개 안에 있는 외투막이 큼직한 것을 고른다.

백합
HAMAGURI / Cherry Stone Clam

─── 통통하게 조린 백합은 오래전부터 사랑받은 에도마에즈시 재료의 하나다. 겨울~봄, 백합이 산란기에 들어가기 전까지 구입한다. 시장에서는 조갯살로 살 수 있어서 조갯살 크기를 보고 고르는데, 주로 이바라키 가시마산을 구입한다. 통통한 식감을 살리기 위해 물, 간장, 맛술을 넣은 조림국물에 조갯살을 넣고, 불에 올린 다음 서서히 온도를 올린다. 50~60℃의 온도를 유지하면서 약 30분 천천히 익힌다. 끝나면 조림국물에 그대로 담가 하루 정도 둔다. 니츠메를 한 번 발라서 마무리한다.

참갑오징어
SUMIIKA / Cuttlefish

─── 갑오징어, 참오징어라고도 불린다. 투명하고 하얀 참갑오징어는 겨울~초봄이 제철이다. 늦여름이 되면 참갑오징어 새끼인 「신이카」가 나오기 시작하는데 부드러운 식감과 고급스러운 풍미가 매년 기대를 불러일으키는 재료다. 가게에서는 주로 규슈산을 사용하며, 가능한 도톰한 것을 선택한다. 잘라서 펼친 다음, 냉장고에 하루 동안 그대로 두어 살을 부드럽게 만든다. 보통 칼집은 세로로 3개 넣으며, 살의 두께나 단단함에 따라 칼집을 많이 넣기도 한다.

흰꼴뚜기
AORIIKA / Bigfin Reef Squid

────── 진하고 쫀득한 식감에 탄력 있는 살이 단맛과 감칠맛이 강해서 오징어의 왕자라 불린다. 일본 내 어획량이 적어서 일본산은 최고급으로 취급된다. 흰꼴뚜기는 몸이 크고 매우 단단하기 때문에, 잘라서 펼친 후 1주일 정도는 냉장고에서 숙성시킨다. 서서히 단맛이 나오면서 맛이 진해지고 부드러움이 생긴다. 스시용 밥과 어울릴 만큼 부드러워지면 숙성을 마친다. 오징어 특유의 단맛을 느낄 수 있도록 칼집을 많이 넣어서, 혀에 닿는 면적을 넓힌 다음 스시를 만든다.

문어
TAKO / Octopus

―――― 질 좋은 문어는 탄력이 있어서 눌렀을 때 다시 튀어 오르는 정도가 다르다. 2kg 정도의 문어를 구입한 다음 살아있는 그대로 볼에 담고, 소금을 넉넉히 뿌려서 30~40분 주무른다. 문어의 점액질이 묽은 액체로 바뀔 때까지 제대로 힘을 넣어서 계속 주무른다. 그다음 1시간 정도 뭉근히 찌듯이 삶는다. 문어는 겨울이 되면 도톰해지고 맛이 좋아지는데, 특히 껍질쪽이 맛있다. 껍질과 살 사이에 젤라틴이 많아서 진한 맛이 느껴진다.

단새우
AMAEBI / Sweet Shrimp

—— 단새우는 쫀득하고 걸쭉한 식감과 진한 단맛으로 스시집에서 인기가 많다. 밑손질할 때는 손으로 머리를 떼어내고, 다리쪽에서 등쪽으로 한 마리씩 껍질을 벗긴다. 꼬리는 남겨둔다. 상하기 쉬운 스시 재료지만, 보다 강한 단맛을 내고 싶다면 냉장고에서 하룻밤 재운 상태로 내놓는다.

모란새우
BOTANEBI / Spot Prawn

───── 모란을 연상시키는 아름다운 모습의 모란새우는 일 년 내내 만날 수 있다. 너무 신선하면 살이 탱탱하여 식감이 너무 강하기 때문에 냉장고에서 하룻밤 재우고, 상태에 따라서는 가볍게 냉동한 다음 사용한다. 이렇게 하면 새우살이 적당히 탱탱해지고 쫀득한 식감으로 완성된다. 소금과 영귤을 뿌려 산뜻한 맛을 내거나, 다시 마절임을 만들기도 한다.

보리새우
KURUMAEBI / Prawn

────── 진한 맛의 새우내장을 그대로 살려서 스시로 만든다. 완전히 익지 않도록 꼬치에 꽂아서 뜨거운 물에 1분 정도 익힌다. 스시를 만들기 직전에 익혀서 따뜻한 상태로 쥔다. 스시용 밥은 새우 온도에 맞춰 온도는 조금 높게 잡고, 양은 줄인다. 양은 보통 12g이지만 보리새우는 8g으로 내고 있다. 보리새우는 믿을 만한 새우 업자에게 구입해야 일 년 내내 안정적으로 선보일 수 있는 소중한 스시 재료다.

갯가재
SHAKO / Mantis Shrimp

―――― 예전에는 도쿄만에서 잡히는 에도마에의 재료였다. 조림국물에 재우고 맛이 배게 한 다음 조림장을 발라서 마무리한다. 알을 밴 5~6월 갯가재가 최고다. 절인 갯가재는 수분이 많고 둥글게 말린 모양을 하고 있어 쥐기 어렵다. 따라서 쥐기 전에 손바닥으로 가볍게 눌러서 스시용 밥과 잘 어우러지게 만든다.

연어알
IKURA / Salmon Roe

——— 음력 7월 15일부터 11~12월 무렵까지 구할 수 있으며, 이 때 가게에서 연어알을 절인다. 그래서 이 시기에만 낼 수 있다. 알주머니를 손으로 풀고, 진한 소금물에 담가서 체로 조심스럽게 흔든다. 이렇게 하면 껍질이 깔끔하게 벗겨지고 굵은 연어알이 얼굴을 내민다. 그 다음 니기리에 5분 정도 절인다. 간장맛이 연어알에 너무 많이 배지 않도록 이 시간은 꼭 지켜야 한다. 그날 절인 것은 그 날 모두 사용한다.

성게
UNI / Sea Urchin

—— 성게는 구입할 때 모든 것이 결정된다. 성게 업자가 백반을 얼마나 사용해 어떻게 준비할지, 그 기량에 따라 맛이 달라지기 때문에 믿을 만한 업자와 거래하는 것이 가장 중요하다. 군함말이를 만들었을 때 고소하게 구운 김의 향과 진한 성게와의 궁합은 정말 훌륭하다. 알이 큰 성게가 들어오면 식감을 직접 느낄 수 있도록 군함말이가 아니라 스시용 밥 위에 올려서, 김으로 말지 않고 스시로 쥐기도 한다.

붕장어
ANAGO / Conger Eel

―――― 붕장어는 초여름~가을이 제철이며, 츠유아나고(장마철 붕장어)라 불리는 6~8월의 붕장어가 가장 기름지고 맛있다. 맛있는 장어를 구분해내려면 배의 색이 노랗고 머리가 작은 것을 고른다. 깔끔하게 밑손질한 후 조림국물에 25~30분 조린다. 스시를 쥐기 전에 살짝 구워서 향긋한 맛을 낸 후 니츠메를 바른다. 붕장어가 맛있을 시기에는 조려서 사용하지 않고 소금으로만 맛을 내기도 한다.

달걀구이
TAMAGOYAKI / Japanese Omelet

────── 달걀구이는 보통 마지막에 먹어서 인상에 오래 남기 마련이다. 따라서 가게의 개성을 표현할 수 있는 맛을 찾아, 시행착오를 거쳐서 굽는 방법을 완성했다. 달걀구이팬에 다진 새우살을 넣고 달걀물을 부은 후 가스불과 숯불, 2가지 열원으로 굽는다. 이렇게 하면 카스텔라처럼 촉촉하면서도 어딘가 푸딩 같기도 한, 독특한 식감과 풍미를 가진 달걀구이가 완성된다.

Science Point

다양한 달걀구이팬

달걀구이팬은 열전도율(열이 전달되는 정도를 나타낸 수치)이 높은 순서대로 구리제, 알루미늄제, 철제, 주철제, 스테인리스제, 세라믹제가 있다.

구리제   스시집에서 가장 많이 사용하는 달걀구이팬은 바로 구리제다. 이유는 5가지 금속 중 열전도율이 가장 높아서다. 달걀구이팬의 바닥면은 가스불의 불꽃 끝이 닿는지 아닌지에 따라 온도가 크게 달라진다. 불꽃 끝이 닿는 부분은 온도가 매우 높아 눌어붙기 쉽다. 바닥온도가 균일하지 않으면 달걀구이가 고르게 익지 않는다. 열전도율이 높으면 열이 빨리 전달되므로 바닥 온도도 불균일한 부분이 줄어들어, 잘 눌어붙지 않는다. 또한 달걀구이팬의 전체온도도 균일해지므로 달걀물에 온도가 고르게 전달된다. 단, 산에 약하고 녹슬기 쉬우므로 세심한 관리가 필요하다.

알루미늄제   가볍고 다루기 쉬우며 열전도율이 높아서 잘 눌어붙지 않는 점이 특징이다. 산이나 알칼리, 염분에 약하기 때문에 표면에 피막을 입힌다.

철제   튼튼하고 무게가 있으면, 열을 확실히 유지할 수 있어서 냄비 온도가 균일해진다. 달걀물을 넣기 전에 냄비를 충분히 달궈두면, 차가운 달걀물을 넣어도 열전도율이 낮은 만큼 냄비 온도가 쉽게 내려가지 않고 바로 달걀물로 열이 전달된다. 그래서 속까지 익을 만큼 외부에서 열이 지나치게 많이 전달되고 표면이 단단한 달걀구이가 된다. 냄비를 기름에 길들이기 전까지는 잘 달라붙기 때문에 기름을 넉넉히 사용해야 안심이 된다. 또한 녹슬기 쉬우므로 세심한 관리가 필요하다.

주철제   주철은 남부철이라고도 한다. 열 관련 성질은 철제와 비슷하지만, 철제 냄비보다 무거운 만큼 열을 유지하는 힘도 더 크다. 철제보다 열전도율이 낮기 때문에 차가운 달걀물을 넣어도 냄비 온도가 내려가지 않고, 달걀물이 속까지 익을 만큼 철제 이상으로 외부에서 열이 지나치게 전달되어 표면이 단단한 달걀구이가 된다. 주철은 표면이 거칠기 때문에 달걀물의 접촉면이 적고 잘 타지 않지만, 매우 무겁다는 것이 단점이다.

스테인리스제   철제만큼 녹슬지는 않는다. 단, 열전도율이 비교적 낮아서 바닥부분의 온도가 매우 고르지 않고 눌어붙기 쉬우므로 주의가 필요하다. 또한 열이 닿는 바닥부분과 옆부분이 열전달 방식에서 차이가 생겨나, 많은 양의 달걀물을 균일하게 굽기 위한 연구가 필요하다. 눌어붙지 않게 안쪽이 불소로 가공된 냄비도 많으며, 이런 냄비는 재료가 잘 달라붙지 않아 세척하기 쉽다는 장점이 있다.

세라믹제   튼튼하고 오래간다. 단, 열이 전달되는 방식이 그다지 좋지 않아서 스테인리스제와 마찬가지로 균일하게 굽기 위한 연구가 필요하다.

호소마키 Thin Roll of MAKIZUSHI

달걀구이와 함께 마무리 음식으로 주로 즐겨 먹는 노리마키(김초밥)는
니기리즈시와 다른 매력을 발산한다.
갓파마키(오이 김초밥), 뎃카마키(생선 김초밥), 간표마키(박고지 김초밥),
아나고마키(붕장어 김초밥), 오신코마키(단무지 김초밥),
히모큐마키(외투막 오이 김초밥) ……
가게에 준비해둔 스시 재료의 개수만큼 마키의 종류도 다양해진다.

간토에서는 「노리마키」라고 하지만, 간사이에서는 「마키즈시」라고 한다. 간사이에서 마키즈시라고 하면 「후토마키(p.222 참고)」를 뜻하고, 간토에서는 통틀어 「노리마키」라고 하며 굵기에 따라 「후토마키(굵은 것)」와 「호소마키(얇은 것)」로 구별한다. 이름뿐만 아니라 김을 다루는 방법에도 차이가 있는데, 간토에서는 김을 구운 다음에 사용하지만 간사이에서는 김을 굽지 않는다.

마키를 만드는 과정은 매우 단순한데, 김발 위에 스시용 밥과 재료를 올리고 말기만 하면 된다. 하지만 실제로 해보면 그리 쉽지만은 않고 스시용 밥이 손바닥에 달라붙거나, 김에 스시용 밥을 펼칠 때 어긋나거나 찢어지거나, 자르고 보면 재료가 가운데 있지 않거나 치우쳐 있거나 하는 어려움이 있다. 스시용 밥을 올려서 너무 세게 누르면 단단해져 버린다. 자른 면이 보기 좋고 니기리즈시와 마찬가지로 입안에서 산산이 흩어질 수 있게, 잘 말기 위한 반복적인 훈련이 필요하다. 김 1장으로 1줄을 만든다. 마키즈시용 김은 규격이 정해져 있는데, 후토마키 등을 마는 김은 약 190㎜×210㎜이고, 이를 반으로 자른 약 95㎜×210㎜가 호소마키용 김이다.

호소마키를 자르는 방법은 오래전부터 약속된 사항으로 간표마키 이외의 뎃카마키, 오신코마키 등은 6등분을 한다. 간표마키는 태평양전쟁 전까지 3등분이 일반적이었지만, 둘이서 나누어 먹을 때 1조각이 남는다는 이유로 4등분하게 되었다. 하지만 여전히 「간표마키는 3등분」이라며 고집하는 스시 장인도 있다.

김발은 안쪽과 바깥쪽이 있다. 대나무가 매끈하고 평평한 바깥쪽이 위에 보이게, 실매듭 있는 쪽이 아래를 향하게 둔다. 김(약 90mm×180mm)을 앞쪽으로 당겨서 가운데 놓고, 스시용 밥을 올린 후 가볍게 눌러가며 펼친다. 스시용 밥을 맞은편까지 다 펼치지 않으며, 말았을 때 겹치는 곳은 채우지 않고 남겨 둔다. 가운데에 박고지를 올린다.

1 김이 비뚤어지지 않게 김발을 들어올린다.

2 뒤쪽의 남은 김 부분 앞쪽에 김발이 닿도록, 그대로 앞쪽으로 당기면서 스시용 밥을 둥글게 말아넣는다.

3 꾹 눌러서 모양을 잡는다.

4 김발을 풀고, 가장자리를 잘라서 정리한다. 3등분(옛날 간표마키) 또는 4등분(현재 간표마키)한다.

후토마키 Thick Roll of MAKIZUSHI

간토와 간사이로 나눈다면 후토마키는 간사이즈시를 대표한다.
스시집에서 내놓기보다 간단한 선물용으로 만드는 가게가 많다.
본래 고야도후(잘게 썬 두부를 얼려서 말린 것), 표고버섯, 박고지,
파드득나물를 넣은 것이 일반적이었지만,
지금은 달걀이나 어패류를 더한 화려한 마키가 등장하고 있다.

니기리즈시가 간토에서 주류라면 간사이에서는 하코즈시, 오시즈시, 그리고 이 마키즈시, 즉 후토마키가 주류다. 그 이유는 일설에 의하면 오사카와 교토에 절이 많기 때문에 불교와 밀접하게 발달해서라고 한다. 실제로 옛날 후토마키는 고야도후, 박고지, 파드득나물, 표고버섯 등 사찰 재료가 기본이었다.
이 재료들이 결국 고야도후의 자리를 달걀구이가 차지하면서 지금은 달걀구이가 일반적이고, 더 화려하게 새우, 오보로, 붕장어 등도 넣게 되었다. 넣는 재료의 종류나 소용돌이 모양으로, 둥글게 또는 네모나게 마는 방법 등 후토마키라고 다 같은 것이 아니고 가게마다 제각각이다.

김발은 안쪽과 바깥쪽이 있다. 대나무가 매끈하고 평평한 바깥쪽이 위에 보이게, 실매듭 있는 쪽이 아래를 향하게 둔다. 김(약 190㎜×210㎜)을 가로로 길게 놓는다. 스시용 밥을 올린 후 가볍게 눌러가며 펼친다. 스시용 밥을 맞은편까지 다 펼치지 않으며, 말았을 때 겹치는 곳은 채우지 않고 남겨 둔다. 재료들이 한가운데 오도록, 아래부터 조린 붕장어, 보리새우, 표고버섯조림, 오이, 달걀, 박고지 순서로 사진처럼 올린다.

1 마키의 중심이 되는 재료를 손가락으로 누르면서 김발 앞쪽을 들어올린다. 재료가 많으므로 이때 확실히 말려 들어갈 수 있게 주의한다.

2 단번에 말아서 뒤쪽 스시용 밥과 만나게 한다. 김발을 고쳐 잡고, 앞으로 당기면서 다잡는다.

3 김발을 굴려서 김을 끝까지 말아 넣는다. 왼손으로 김발을 위로 당겨가면서 한 바퀴 굴린다.

4 김발을 풀고 가장자리를 잘라서 정리한다. 눌려 찌그러지지 않게 주의하면서 9등분한다.

「스시 다카하시」의 마키즈시 SUSHI Roll

준비된 스시 재료가 있으면 기본적으로
손님 취향에 따라 재료를 선택해서 만다.
「스시 다카하시」의 다카하시 준이 직접 만든 마키즈시를 소개한다.

간표마키
Dried Gourd Shavings

—— 수수한 모습이지만 에도마에 마키즈시의 대표격인 박고지는, 데칠 때 모든 것이 결정된다. 정성껏 밑손질하고 설탕과 간장으로 진하게 맛을 냈기 때문에, 조금 달달한 「스시 다카하시」의 스시용 밥과 잘 어울린다. 예전에는 간표마키에 와사비를 넣지 않았지만, 최근에는 와사비를 넣는 쪽이 주류다. 가게에서는 와사비의 유무를 손님 취향에 맞추고 있다.

갓파마키
Cucumbers

—— 심플하고 산뜻한 갓파마키는 모두가 즐거워할 만한 마무리로 제격인 요리다. 채썬 오이는 식감도 알맞고, 말 때 적당한 공기가 들어가서 부드럽게 완성된다. 입안 가득 채우는 고소함을 맛볼 수 있게, 참깨는 가게에서 직접 볶는다.

히모큐마키
Mantle of the Ark shell and Cucumbers

—— 피조개 외투막의 은은한 쓴맛과 미네랄향을 오이의 상쾌한 향이 살려준다. 외투막의 오독오독한 식감과 오이의 아삭한 식감, 2가지 식감의 대비를 즐길 수 있다.

뎃카마키
Tuna

—— 그날 준비된 아카미 부위에 따라 지방이 많은 부분은 얇게, 적은 부분은 두껍게, 두께를 조절해가며 막대 모양으로 잘라서 만다.

네기토로마키
Tuna and Green Onion

—— 그날 준비된 도로에서 잘라내, 잘게 썬 파와 함께 다지고 섞는다. 때에 따라 오토로를 사용하면 호화스러운 호소마키가 된다. 참치의 식감을 느낄 수 있도록 조금 굵게 다진다. 파는 향이 좋은 「센주(千寿) 파」를 사용한다. 에도채소의 하나인 센주 파는 향과 단맛이 강해 진한 참치를 더욱 돋보이게 해준다.

오신코마키
Daikon Pickled

—— 오신코마키에는 오마카세 코스로 내고 있는 벳타라즈케(무를 소금과 누룩에 절인 것)를 사용한다. 개성 강한 벳타라즈케의 맛을 조금 줄이기 위해, 물에 잠시 담갔다가 간장과 맛술에 절여서 맛을 다시 낸다. 제대로 맛을 내면 스시용 밥의 신맛과 좋은 균형을 이룬다.

아나큐마키
Conger Eel and Cucumbers

—— 씹는 맛이 좋은 오이 「히메큐리(크기가 작은 도치기현 특산 오이)」를 채썰어서 식감을 낸다. 다른 마키즈시에도 사용하고 있지만, 히메큐리는 아삭한 식감과 향이 매우 좋다. 고소하고 진한 붕장어와 매우 잘 어울린다.

우메시소마키
Paste of Salted Plum and SHISO Leaf

—— 스시용 밥에 차즈기를 올린 후, 와카야마의 우메보시를 두들겨서 만든 부드러운 짠맛의 페이스트를 올린다. 그 다음 깨를 뿌려서 만다. 매실의 신맛과 차즈기의 상큼함이 자아내는 개운한 뒷맛이 훌륭하다.

후토마키
Thick Roll

—— 조린 붕장어, 보리새우, 표고버섯조림, 오이, 달걀, 박고지 순서로 올려서 만다. 그렇게 위쪽에는 달고 쫀득한 재료를, 아래쪽에는 아삭한 식감의 오이를 배치하면, 위쪽부터 먹었을 때 식감과 맛의 차이를 느낄 수 있다.

호소마키 자르는 법 Cutting of Thin Roll of MAKIZUSHI

호소마키는 관습적으로 4등분이나 6등분을 한다.
간표마키는 4등분, 나머지는 6등분을 하는데,
옛날에는 간표마키를 3등분했다.

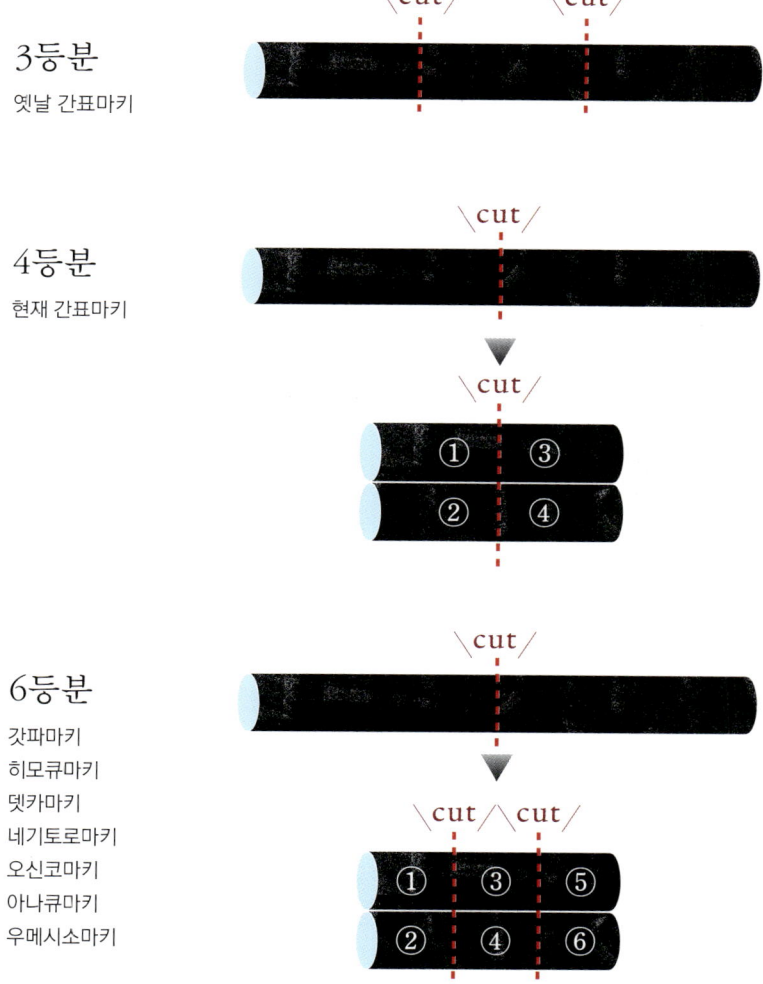

3등분
옛날 간표마키

4등분
현재 간표마키

6등분
갓파마키
히모큐마키
뎃카마키
네기토로마키
오신코마키
아나큐마키
우메시소마키

김 Seaweed

고급 김으로 마키즈시나 군함말이를 만들면 풍부한 바다내음과 단맛이 나며, 스시 재료의 감칠맛 그리고 스시용 밥의 신맛과 절묘하게 잘 어울린다. 이전에는 도쿄만에서 풍부하게 채취했기 때문에 옛날부터 에도마에즈시 하면 빠지지 않는 재료다.

김의 원료는 「참김」 등의 해조다. 대부분 양식으로, 산지나 기르는 방법에 따라 김의 모양이나 맛에 차이가 있다. 김은 겨울이 제철로 11~2월 무렵이다. 이 시기에 수확한 김은 첫수확, 햇수확이라 불리며 햇김 특유의 풍부한 향과 깊은 단맛을 지닌다. 해조를 종이처럼 얇게 가공하여 건조시키면 김이 된다.

김 양식지로는 아리아케해, 세토내해, 이세만, 도쿄만이 유명하다. 특히 아리아케해는 일본 전역에서 생산되는 김의 절반 이상을 양식하고 있으며, 부드럽고 강한 감칠맛이 특징이다.

[김의 크기]

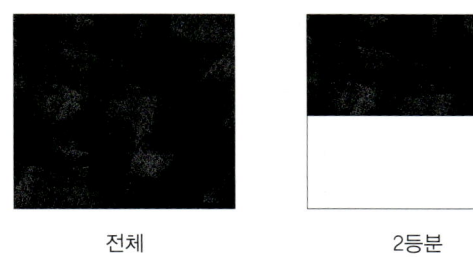

전체
(약 21cm×19cm)

2등분
(약 10cm×19cm)

3등분
(약 6.6cm×19cm)

김은 앞면이 매끈하고, 뒷면은 거칠다. 스시용 밥이 잘 달라붙지 않기 때문에, 기본적으로는 매끈한 표면에 스시용 밥을 올린다.

INDEX

3장뜨기 ······ 032, 034, 074
5장뜨기 ······ 030, 038, 040
AMP ······ 051, 090, 096
ATP ······ 050, 052, 063
IMP(이노신산) ······ 044, 051, 063, 090
K값 ······ 051
pH ······ 070, 077, 138
Z선 ······ 048, 049
α화 ······ 118
β화 ······ 118

[ㄱ]

가다랑어 ······ 015, 192
가보스 ······ 138
가자미 ······ 014, 030, 039, 186
간표마키 ······ 226
감귤 ······ 138
감칠맛 상승효과 ······ 044
갑오징어 ······ 096, 206
갓파마키 ······ 227
갯가재 ······ 018, 104, 110, 212
고노시로 ······ 066, 196
고등어 ······ 016, 070, 072, 073, 198
고마이오로시 ······ 030, 040
고바시라 ······ 090
고하다 ······ 011, 066
관자 ······ 017, 090, 092, 203
광어 ······ 014, 030, 038, 184
구연산 ······ 138
근원섬유 ······ 048
근육 ······ 046, 056, 060, 080, 085, 090, 100
근형질 ······ 048
글루탐산 ······ 044, 080, 090
글리신 ······ 033, 080, 096, 102
기리츠케 ······ 024, 058, 168
김 ······ 232
꼬리쪽(참치) ······ 054

[ㄴ]

나레즈시 ······ 008, 077
네기토로마키 ······ 228
노지메 ······ 050
니기리(煮切り) ······ 130, 191
니기리(握り) ······ 162, 170
니츠메 ······ 107, 131

[ㄷ]

다시마절임 ······ 044, 186, 210
단백질 ······ 039, 048, 049, 050, 060, 063, 070, 080, 091, 101, 102, 152
단새우 ······ 018, 103, 209
달걀구이 ······ 019, 142, 148, 216, 222
달걀노른자 식초 오보로 ······ 155
덩어리/덩어리 자르기 ······ 024, 034, 044, 054, 056, 074, 168
덴파 ······ 056
뎃카마키 ······ 228
도미 ······ 014, 030, 032, 033, 044, 183
등푸른생선 ······ 072

[ㄹ]

레시틴 ······ 151

[ㅁ]

마이야르 반응 ······ 121, 148
마키즈시 ······ 010, 218, 226
말똥성게 ······ 112, 113
맛술 ······ 130, 131, 132, 133
머리쪽(참치) ······ 054
모란새우 ······ 018, 103, 210
묵은쌀 ······ 117
문어 ······ 017, 080, 085, 098, 101, 208
쿠어 조리기 ······ 098
문치가자미 ······ 039, 186
물조절 ······ 124
뮤신 ······ 101

미로시나아제 …… 137
미오글로빈 …… 047, 056
미오신 …… 048, 049, 050, 051
미즈아라이 …… 034, 040, 075, 092

[ㅂ]
박고지 …… 156, 158, 159
반환 가다랑어(모도리가츠오) …… 052, 168, 192
밥 짓기 …… 124
백반 …… 113
백색근 …… 047
백합 …… 017, 205
백합 조리기 …… 111
범가자미 …… 039, 186
보라성게 …… 112, 113
보리새우 …… 018, 103, 211
보툴리누스균 …… 077
붉은살/붉은살생선 …… 047, 048, 051, 052, 060
붕장어 …… 019, 106, 110, 215
붕장어 조리기 …… 107, 109, 110, 223, 230
비늘제거기 …… 033

[ㅅ]
사용하는 밥의 상태 …… 119
사쿠도리 …… 056
사후경직 …… 030, 050, 051, 070, 107
산마이오로시 …… 032, 034, 074
새끼 도미 …… 014, 185
샤우 …… 102
새우 오보로 …… 155
새조개 …… 017, 080, 204
생강 …… 140, 192, 195, 199
생선용 칼(데바보초) …… 024, 027
샤리키리 …… 126, 129
설탕절임 …… 078
성게 …… 019, 112, 214
세미(쌀 씻기) …… 124
소금 …… 068, 070, 092, 122, 123

소금절임 …… 069, 070, 077
쇼가올 …… 140
숙성 …… 062, 183, 184, 186, 187, 194, 207
숯불 …… 149
스시용 밥 …… 116, 119, 124, 126, 129, 167, 170, 180
스키비키 …… 039
시니그린 …… 137
식초 …… 064, 068, 070, 076, 119, 120, 126, 141
식초로 씻기 …… 068, 069, 071
신이카 …… 094, 096, 206
신코 …… 066
쌀 …… 116, 117
쌀식초 …… 120, 121

[ㅇ]
아나큐마키 …… 229
아미노산 …… 063, 090, 096, 098, 102, 121
아밀로오스 …… 117, 118
아밀로펙틴 …… 117, 118
아스타잔틴 …… 102
아카미(참치) …… 015, 056, 190
액틴 …… 048, 049, 050, 051
양날 …… 024
엔가와 …… 038, 040, 043
역사 …… 008
연어알 …… 019, 213
염수 …… 122, 123
영귤 …… 138
오보로 …… 154, 155
오신코마키 …… 229
오징어 …… 094, 100
오징어 조리기 …… 100
오토로 …… 014, 056, 058, 188
오히츠 …… 126, 166, 167
와사비 …… 136
왕우럭조개 …… 016, 082, 200
외날 …… 024, 026

우메시소마키 …… 230
유기산 …… 138
유자 …… 138
유화 …… 151
으깬 생선살 …… 143, 154
이노신산 …… 044, 051
이케지메 …… 030, 050, 075

[ㅈ]
장염비브리오 …… 076
저아밀로오스 쌀 …… 117, 118
적초 …… 120, 121
전갱이 …… 015, 072, 195
전복 …… 016, 091, 202
전복 조리기 …… 091
전어 …… 016, 064, 066, 068, 196
정어리 …… 015, 075, 193
젖산발효 …… 077
조개 …… 080, 085, 090
주토로 …… 014, 056, 058, 187
줄무늬전갱이 …… 015, 194
중간(참치) …… 054
즈케 …… 015, 191
진저론 …… 140

[ㅊ]
참갑오징어 …… 017, 094, 096, 206
참치 …… 014, 015, 054, 056, 187, 188, 190, 191
척수 …… 049
첫물 가다랑어(하츠가츠오) …… 052, 168, 192
초산 …… 076, 138
초생강(가리) …… 140
초절임 …… 068, 070, 071, 072, 196

[ㅋ]
카운터 …… 020
칼 …… 024
콜라겐 …… 039, 047, 049, 061, 080, 091, 096, 100
크레아틴 …… 052

[ㅌ]
타우린 …… 094, 098

[ㅍ]
피조개 …… 016, 080, 085, 086, 201
핏물 빼기 …… 030, 049, 075

[ㅎ]
하가마 …… 124, 129
하로즈시 …… 010
학공치 …… 016, 064, 199
햅쌀 …… 117
혈합근／지아이 …… 046, 047, 048, 052, 056, 060, 072, 190
호소마키 …… 218, 231
호화 …… 118, 124
회칼(야나기바보초) …… 024, 027, 029, 039, 040
후나즈시 …… 008, 077
후토마키 …… 222, 230
흑초 …… 120, 121
흰꼴뚜기 …… 017, 207
흰살／흰살생선 …… 030, 039, 044, 047, 048, 051, 061
히모큐마키 …… 227
히스티딘 …… 052
히카리모노 …… 064, 138, 185

기술지도 다카하시 준[髙橋 潤] 1987년 가나가와현 출생. 어릴 적부터 요리를 좋아해서 자연스럽게 요리를 시작했다. 요리학교를 수석으로 졸업한 후, 한 가지 기술을 제대로 익히고 싶어 스시 장인의 길로 들어섰다. 「스시 사이토」에서 5년 반 견습한 후 2014년 3월 긴자에 「스시 다카하시」로 독립, 개업했다. 긴자에서도 부담 없이 찾을 수 있는 편안한 공간으로, 취향을 잘 살린 안주와 섬세한 맛의 니기리를 즐길 수 있는 곳으로 평판이 나 인기 스시집이 되었다.
• 「스시 다카하시」 도쿄도 주오구 긴자 1초메 14-14 03-3561-6503

감수 사토 히데미[佐藤秀美] 식물학 박사, 영양사이자 일본 수의생명과학대학 객원교수. 요코하마 국립대학을 졸업한 후 9년 동안 기업에서 조리기기 연구 개발에 종사했다. 이후 오차노미즈여자대학 대학원 석박사 과정을 수료했다. 전문은 식물학이다. 저서로 『영양의 과학』(시바타쇼텐), 『맛을 만드는 열의 과학』(시바타쇼텐), 『맛있는 요리는 과학으로 알 수 있다 -일본형 건강식 추천-』(고단샤), 『식품학 I』(공저, 도분쇼인) 등이 있다.

지은이 츠치다 미토세[土田美登世] 히로시마대학 졸업 후 오차노미즈여자대학 대학원 석사과정 수료. 「전문요리」, 「요리왕국」 편집부를 거쳐 프리랜서로 폭넓은 장르에서 음식에 관한 책을 집필, 편집하고 있다. 편저로 『모츠·퀴진』(시바타쇼텐), 『스시 스키야바시 지로』(그래픽사) 등이 있으며, 저서로 『닭꼬치와 일본인』(코분샤신서) 등이 있다.

옮긴이 용동희 다양한 분야를 넘나들며 활동하는 푸드디렉터. 메뉴개발, 제품분석, 스타일링 등 활발한 활동을 이어가고 있다. 현재 콘텐츠 그룹 CR403에서 요리와 스토리텔링을 담당하고 있으며, 그린쿡과 함께 일본 요리책을 한국에 소개하는 요리 전문 번역가로도 활동하고 있다.

JAPANESE STAFF
Editor : Tsuchida Mitose   Designer : Takahashi Miho   Photographer : Yamashita Ryoichi
Cooperator of Edit : Iijima Chiyoko, Shinbori Hiroko
Special thanks to Zenimoto Kei , Okada Miyuki , Maeshige Noi

SUSHI NO SCIENCE - OISHISAWO TSUKURIDASU RIRONTO GIJYUTSUGA MIERU
ⓒ Jun Takahashi, Hidemi Sato, Mitose Tsuchida 2020
Originally published in Japan in 2020 by Seibundo Shinkosha Publishing Co., Ltd., TOKYO,
Korean translation rights arranged with Seibundo Shinkosha Publishing Co., Ltd., TOKYO,
through TOHAN CORPORATION, TOKYO, and EntersKorea Co., Ltd., SEOUL.
Korean translation copyright ⓒ 2021 by Donghak Publishing Co., Ltd., SEOUL.

이 책의 한국어판 저작권은 (주)엔터스코리아를 통해 저작권자와 독점 계약한 주식회사 동학사(그린쿡)에 있습니다.
저작권법에 의하여 한국 내에서 보호를 받는 저작물이므로 무단전재와 무단복제, 광전자 매체 수록 등을 금합니다.

스시 사이언스

펴낸이	유재영	옮긴이	용동희
펴낸곳	그린쿡	기 획	이화진
지은이	츠치다 미토세	편 집	이준혁
감 수	사토 히데미	디자인	임수미
기술지도	다카하시 준		

1판 1쇄 | 2021년 8월 10일
1판 3쇄 | 2024년 11월 15일
출판등록 | 1987년 11월 27일 제10-149
주   소 | 04083 서울 마포구 토정로 53(합정동)
전   화 | 324-6130, 324-6131 · 팩스 | 324-6135
E-메일 | dhsbook@hanmail.net
홈페이지 | www.donghaksa.co.kr, www.green-home.co.kr
페이스북 | www.facebook.com/greenhomecook
인스타그램 | www.instagram.com/__greencook

ISBN 978-89-7190-786-3 13590

- 이 책은 실로 꿰맨 사철제본으로 튼튼합니다.
- 잘못된 책은 구매처에서 교환하시고, 출판사 교환이 필요할 경우에는
  사유를 적어 도서와 함께 위의 주소로 보내주십시오.
- 이 책의 내용과 사진의 저작권 문의는 주식회사 동학사(그린쿡)로 해주십시오.

GREENCOOK은 최신 트렌드의 요리, 디저트, 브레드는 물론 세계 각국의 정통 요리를 소개합니다. 국내 저자의 특색 있는 레시피, 세계 유명 셰프의 쿡북, 전 세계의 요리 테크닉 전문서적을 출간합니다. 요리를 좋아하고, 요리를 공부하는 사람들이 늘 곁에 두고 활용하면서 실력을 키울 수 있는 제대로 된 요리책을 만들기 위해 고민하고 노력하고 있습니다.